名师名校名校长

凝聚名师共识
回应名师关怀
打造名师品牌
培育名师群体

慧玩 慧思 慧爱

本土资源在农村幼儿园课程中的
系统开发与利用

李 丹 / 主编

中国出版集团　现代出版社

图书在版编目（CIP）数据

慧玩　慧思　慧爱：本土资源在农村幼儿园课程中
的系统开发与利用 / 李丹主编. — 北京：现代出版社，
2022.4

ISBN 978-7-5143-9844-1

Ⅰ.①慧… Ⅱ.①李… Ⅲ.①幼儿园—课程—教学研
究 Ⅳ.①G612

中国版本图书馆CIP数据核字（2022）第047432号

慧玩　慧思　慧爱：本土资源在农村幼儿园课程中的系统开发与利用

作　　者　李　丹
责任编辑　袁　涛
出版发行　现代出版社
地　　址　北京市安定门外安华里504号
邮政编码　100011
电　　话　010-64267325　64245264
网　　址　www.1980xd.com
印　　制　北京政采印刷服务有限公司
开　　本　710mm×1000mm　1/16
印　　张　12
字　　数　192千
版　　次　2022年4月第1版　　2022年4月第1次印刷
书　　号　ISBN 978-7-5143-9844-1
定　　价　58.00元

目 录

主题活动精选

课程故事

自主游戏案例

主题游戏——玩转地方游戏

主题活动精选

民间艺术类

 **主题活动一：童谣乐**

主题背景：民间歌谣作为民俗文化的重要组成部分，具有浓郁的民族和地域文化色彩。松滋市的民间歌谣艺术资源数量非常多，种类也很丰富，有很多可以作为幼儿园的课程资源，如：运动游戏类歌谣《编花篮》《马兰开花二十一》《拍手歌》；语言游戏类《颠倒歌》《有无谣》《问答歌》；规范道德行为类《排排坐》《好孩子》；等等。它们不仅可以对幼儿进行道德规范、行为准则、人际交往礼仪等方面的教育和启迪；还可以培养幼儿在生活中发现美、感受美的情趣，扩大幼儿的生活知识面和音乐节奏感；同时让幼儿在学习民间歌谣的同时，了解松滋市本地的民风民俗，体验传统文化的氛围。

小老鼠上灯台（中班）

松滋市八宝镇群星幼儿园　张先婷

【活动目标】

（1）感受皮影戏这一民间艺术表现形式，乐意与老师、同伴一起参与皮影戏的表演。

（2）能用较连贯的语言对"小老鼠偷油"的情节进行发散性创编，有进一步探讨的愿望。

（3）在说一说、玩一玩的过程中积累知识经验，在共同表演的过程中体验合作的快乐，并从中获得成功的乐趣。

【活动准备】

自制皮影道具。

【活动过程】

（一）回忆童谣，导入活动

用手指游戏的形式表演《小老鼠上灯台》这首童谣，激起幼儿活动兴趣。

（二）了解皮影戏，学习皮影戏的表演方法

（1）邀请幼儿欣赏皮影戏表演《小老鼠上灯台》，进一步激发幼儿的兴趣与表演欲。

（2）介绍皮影表演的方法和技巧，并挑选个别幼儿进行操作练习。

（三）分组操作，尝试利用皮影进行童谣表演

（1）幼儿以分组的形式尝试进行皮影戏表演，教师对皮影戏的表演方法和技巧进行指导。

（2）幼儿一边念儿歌，一边尝试用皮影表演童谣《小老鼠上灯台》。

（四）巧换灯台，再次探讨偷油吃的方法并表演

（1）教师进行第二次皮影戏表演。（换用高高的灯台）

教师设问：小老鼠一开始想跳上灯台，它成功了吗？小老鼠如果没有跳上去，它会想一个什么妙计爬上灯台？

启发幼儿大胆想象小老鼠偷油吃的情景。

（2）小老鼠还可能运用哪些方法吃到油？请个别幼儿进行讲述。

（3）根据幼儿的想法，组织幼儿进行皮影戏表演。

（五）集中小结，发散创编

（1）刚才我们看到小老鼠跳上灯台吃到了油，那么小老鼠吃饱以后又会怎样想办法下来呢？我们下次再来编一编、演一演这个有趣的故事，好吗？

（2）组织幼儿将皮影戏道具放回到表演区。

菜地谣（中班）

松滋市八宝镇群星幼儿园　陈　燕

【活动目标】

（1）带领幼儿辨别常见蔬菜的外形特征、色泽味道及其可食用部位。

（2）让幼儿了解蔬菜中含有丰富的营养，多吃蔬菜有益健康。

（3）学习用一问一答的形式创编歌谣，鼓励幼儿进行大胆表达。

【活动准备】

布置菜市场场景，准备各种蔬菜、菜篮子、"各种菜地"翻翻板、幼儿操作材料（长方形底板、正方形纸、水彩笔）、蔬菜图片。

【活动过程】

（一）情景导入：逛菜市场

（1）小朋友们，食堂的厨师奶奶特邀我们大一班的小朋友今天去菜市场买菜，你们愿意吗？那我们开着火车出发了。

（2）组织幼儿挑选出其最喜爱的蔬菜并带回幼儿园。

（二）介绍蔬菜

（1）请每组小朋友介绍他们挑选的是什么蔬菜？让他们说说对这些蔬菜的了解，如：它的外形是什么样子的？味道如何？我们吃的是它的什么部位？你吃过哪些用它烹调的菜？

（2）教师将幼儿的表述用歌谣的句式进行小结。（多吃新鲜的蔬菜能使我们更健康）

（三）学习歌谣

（1）根据线索，破译歌谣。这首歌谣中每一句都介绍了一种蔬菜，让我们根据线索猜出答案补全歌谣。谁想挑战一下？

问：什么青青细又长？什么黄黄地下藏？什么脆脆藤上长？什么辣辣尖又尖？

（2）跟着节奏，念儿歌。这些只是蔬菜家族中的一小部分，你们想不想将其他品种的蔬菜也编进菜地歌谣呀？

（四）结合经验，仿编歌谣

（1）小组合作，仿编歌谣。

提问：可以从哪些方面考虑关键词呢？（颜色、外形、口味、生长位置）

要求：小组合作，人人都要出力，并用自己擅长的方式进行记录。（文字或图案）

（2）小组介绍，幼儿猜猜。

【活动延伸】

你们今天买了那么多蔬菜，猜猜今天午餐厨师奶奶会给我们做什么好吃的菜？并带领幼儿诵读《蔬菜谣》。

蔬菜谣

什么青青细又长？豇豆青青细又长。

什么身穿绿衣裳？黄瓜身穿绿衣裳。

什么灯笼高高挂？茄子灯笼高高挂。

什么黄黄地下藏？土豆黄黄藏地下。

什么辣辣尖又尖？辣椒辣辣尖又尖。

什么越老皮越黄？南瓜越老皮越黄。

莲花闹响起来（大班）

松滋市八宝镇群星幼儿园　韩娟娟

【活动目标】

（1）激发幼儿对民间艺术的兴趣，了解松滋莲花闹说唱艺术的特点。

（2）感受莲花闹独特的节奏韵律，带领幼儿学习莲花闹的表演方法。

【活动准备】

莲花闹道具，人手一个，艺人打莲花闹的现场表演或者视频。

【活动过程】

（一）教师打莲花闹，幼儿拍手说节奏儿歌进入活动室

儿歌：

小朋友，走走走，挺起胸，抬起头；

小朋友，来来来，大大的眼睛看过来；

小朋友，坐坐坐，轻轻坐到椅子上。

小朋友你们知道老师手中打的这个道具叫什么？有谁认识它？

（二）观察莲花闹板，说说它的作用，学习莲花闹的打法

（1）教师引导幼儿观察竹板，了解竹板的名称、制作材料和外形特征。观察讨论莲花闹是用什么做的？有几片竹板？在什么地方见过？用来做什么？等等。

（2）尝试用竹板打出好听的声音。

（3）请个别幼儿示范表演。

（4）教师讲解打莲花闹的要领，组织幼儿集体模仿并要求幼儿打竹板的声音和节奏与教师的鼓声一致。

（三）欣赏民间艺人打莲花闹《好吃歌》，感知莲花闹的说唱艺术

（1）组织幼儿观看节目，让幼儿在学习基本节奏后，尝试用响板打节奏。

（2）带领幼儿初步学习竹板的使用方法。

（3）教师讲解打莲花闹的要领，组织幼儿集体模仿，要求幼儿用右手打板。

练习儿歌：

大拇指，钻中间，小小手，夹住板，往上抬，打起来。

（4）教师敲铃鼓，幼儿打莲花闹。师幼同乐，感受打莲花闹的基本韵律。教师以不同的速度和节奏敲铃鼓，幼儿练习有节奏地打竹板。

（四）尝试表演莲花闹儿歌

小竹板安静会儿，轻轻放在腿上。莲花闹除了可以表演顺口溜，讲故事，能不能说儿歌呢？小朋友会说什么儿歌？（幼儿拍手说熟悉的儿歌）

（1）教师打竹板，幼儿边拍手边说儿歌。

（2）鼓励幼儿一边打竹板，一边有节奏地说儿歌。

（五）学习方言表演莲花闹《松滋人，礼行大》

（1）教师示范表演，要求幼儿观察教师表演时的动作、手势、表情以及语言特点。

（2）组织幼儿集体模仿。

（六）结束

现在让我们一起去找更多的小朋友表演莲花闹：莲花闹，兴趣高，民间文化就是妙；你在说，我在笑，艺术水平在提高。感谢老师来上课，感谢贵客来指导，慢慢走，慢慢聊，欢迎下次来我校。

《松滋人，礼行大》《好吃歌》如下（歌谣两首节选自中国歌谣集成湖北卷《松滋县歌谣分册》）：

松滋人，礼行大

松滋人，礼行大，进门就把椅子拿，毛把烟，砂罐茶，开口就是哦嗬哪。

米饭好，酒菜佳，还把炖钵炉子架，家乡口味自己弄，自己弄的想喷哒。

问家家，问姨妈，问了大人问小伢，亲戚六眷都问好，还问隔壁两三家。

好吃歌

歌儿好唱口难开，粑粑好吃磨难挨，仙桃好吃树难栽，人参好吃要钱买，黄瓜好吃把子苦，西瓜好吃要滤皮，莲蓬好吃在水里，最好吃的蔫糙米，不好吃的是苦瓜子皮。

翻花绳（大班）

松滋市八宝镇群星幼儿园　雷丹丹

【活动目标】

（1）组织幼儿体验民间游戏翻花绳的乐趣。

（2）让幼儿熟悉翻花绳的游戏规则，能顺利地进行翻花绳游戏。

（3）让幼儿学会用翻、勾、拉、压、撑、挑等一些精细动作翻出各种生动有趣的造型图案。

【活动准备】

花绳（人手一根）、花绳造型图片若干、视频。

【活动过程】

（一）活动导入

（1）教师以变魔术的方式用花绳翻出一个图案，问幼儿见过没有。小朋友喜欢的好多东西都可以用这根绳子翻出来，今天教大家玩的这个游戏叫"翻花绳"。

（2）教师引导幼儿活动手指关节。

（二）运用实际操作的方法，带领幼儿学会翻花绳的简单玩法

（1）教师出示各种花绳图片，激发幼儿翻花绳的兴趣。

（2）人手一根花绳，让幼儿自由探索花绳的各种玩法，并请个别幼儿进行示范讲解。

（三）学习翻"降落伞"的方法

（1）观看"降落伞"的翻花绳视频。

（2）教师示范讲解"降落伞"的玩法：用双手手掌将绳子撑开，掌心相对，左右手手掌依次穿绳后，两手中指再依次穿绳，两手撑开，捏住撑开后的两个交叉点，然后压住上面的两根直线，两手翻开。用两手小指交叉抓住中间的两根直线后，再用两手的食指将其顶出来。

（3）鼓励幼儿大胆尝试翻一翻"降落伞"，教师进行巡回指导。

（四）学习两两合作翻花绳

（1）教师引导幼儿观看两两合作翻花绳的视频，并邀请一个小朋友配合，边念儿歌边做示范展示。

（2）让幼儿自由选择搭档，两两合作边念儿歌边翻花绳，鼓励幼儿尝试翻花绳的多种玩法。

（3）教师观察每个小组的活动，对遇到困难的幼儿进行指导，并与幼儿合作翻花绳。

（4）请玩得好的幼儿到前面进行展示，教师进行点评。

【活动延伸】

（1）鼓励幼儿回家继续练习，下次活动时请幼儿给大家展示翻花绳的新玩法。

（2）将花绳放在区角里供幼儿自由练习。

翻花绳儿歌如下：

翻，翻翻绳儿，翻的花样真逗人儿。

你翻一把降落伞，我翻面条一根根，

先翻一张大鱼网，再翻一个小脸盆。

翻呀翻，翻绳儿，赛赛宝宝的巧手儿。

主题活动二：鼓之声

主题背景：松滋历史悠久、物华天宝，有着丰富的民俗文化，其中"三盘鼓""渔鼓""说鼓子"是本土特有的说唱形式，将演唱、音乐、击鼓融为一体，成为独具风格的民间特色表演形式。我们将"鼓"系列的表演艺术进一步挖掘与开发利用，以幼儿园为载体，将地方民俗文化融入课程，凸显其生活性、稚拙性、娱乐性，让其成为鲜活的、发挥其人文内涵和文化价值的课程资源。符合幼儿园课程化、游戏化的要求，有利于幼儿在潜移默化中接受优秀传统文化的熏陶。

有趣的渔鼓（小班）

松滋市划子嘴幼儿园　易　婷

【活动目标】

（1）感受松滋民俗之一——渔鼓。

（2）让幼儿能伴随音乐熟练拍打歌曲——《小红帽》。

（3）让幼儿能与他人合作表演渔鼓。

【活动准备】

教会幼儿唱歌曲《小红帽》，渔鼓若干，《小红帽》（伴奏）的音频、小红帽曲谱。

【活动过程】

（一）节奏游戏《小红帽》

（1）今天小四班来了这么多客人，让我们一起来唱首歌吧。

（2）练习《小红帽》节拍。

（3）节奏表演《小红帽》。

（二）欣赏渔鼓表演，了解渔鼓并尝试渔鼓的多种拍法

（1）播放视频，带领幼儿欣赏渔鼓表演。

了解渔鼓是松滋的民俗，每逢重大节日人们就拿着渔鼓到各家各户去表演，表演结束后还能收到别人送的礼物。

（2）让幼儿自由探索渔鼓的表演方法。

（3）教师引导幼儿练习渔鼓的多种拍法。

（三）渔鼓表演秀

（1）教师出示《小红帽》图谱，引导幼儿看图谱拍节奏。

（2）播放音乐《小红帽》，师幼共同用渔鼓演奏。

（3）教师小结。

欢庆腰鼓（中班）

松滋市杨林镇中心幼儿园　陈明媚

【活动目标】

（1）引导幼儿感受腰鼓表演的喜庆氛围，了解腰鼓的表演形式。

（2）带领幼儿学习腰鼓红绸的正确系法，练习用基本鼓点：咚吧、咚吧、咚咚吧、咚吧，×○×○｜×××○敲打腰鼓。

（3）培养幼儿喜欢腰鼓的表演形式及民间艺术的表演情感。

【活动准备】

（1）经验准备：组织幼儿观看腰鼓表演，并认识腰鼓表演道具，初步了解系腰鼓红绸的方法。

（2）物质准备：腰鼓若干（人手一套）、打腰鼓的节奏图谱。

【活动过程】

（一）活动导入

教师打着腰鼓向小朋友们问好。

（二）活动步骤

1.学习正确的腰鼓红绸的系法

（1）幼儿回顾腰鼓红绸的系法，大家互相纠正错误，教师总结正确腰鼓红绸的系法。

（2）幼儿合作练习系红绸，教师进行指导。

2.幼儿学习运用节奏练习打腰鼓

（1）幼儿进行自由练习，教师进行个别指导。

（2）教师出示节奏卡，幼儿尝试按照节奏卡的节奏练习拍鼓。

（3）分组练习打腰鼓。

请幼儿找到自己的好朋友一起来打腰鼓，可以是两个一起，也可以是几个一起。

3. 乐曲合奏

带领幼儿在音乐的伴奏下打腰鼓，感受腰鼓齐奏的欢快气氛。

（三）结束

小朋友们的腰鼓打得真不错，听说洪老师的腰鼓舞得可好了，我们一起去向洪老师学习腰鼓的舞步吧。

鼓之乐（大班）

松滋市机关幼儿园　王海艳

【活动目标】

（1）引导幼儿感受民间艺术打腰鼓的魅力，并能大胆表现自己。

（2）引导幼儿感受腰鼓的节奏韵律，初步学习腰鼓的打法。

（3）让幼儿能根据歌词创编腰鼓新的节奏打法并进行表演。

【活动准备】

《棒棒糖》音乐及图谱、腰鼓（人手一套）。

【活动过程】

（一）情景导入

（1）带领幼儿欣赏腰鼓表演视频，感受欢快热闹的气氛。

师：小朋友们，视频里的叔叔阿姨们在干什么？你还在哪里看过打腰鼓？人们在什么时候会打腰鼓？为什么？（引出鼓的文化历史）

（2）提问：看了这个视频后你感受到了什么气氛？（喜庆、热闹、红火）

教师总结腰鼓的文化历史。（鼓是一种打击乐器，是我们汉族传统捶击膜鸣的乐器之一。历史悠久，在民间广泛流传，是一种非常独特的民间艺术，一般是在很喜庆的节日和庙会中演出的）

（二）学习腰鼓的基本特征

（1）我们一起来认识一下腰鼓的结构吧！

（腰鼓外形呈短圆柱形，两头略小，中间有点胖，一般是挂在腰间敲打的）

（2）师：腰鼓要敲了以后才能发出好听的声音，它是用鼓槌敲击出声音的。小朋友们，今天老师也带来了鼓，你们想不想敲出新花样？下面我们一起来学一学吧！

（三）学习腰鼓的操作方法

带领幼儿敲一敲，感受一下。

（1）小朋友们，谁愿意来试一试？大家仔细听，腰鼓会发出什么声音？（咚咚……）

请幼儿小结：敲鼓的感受和声音（敲鼓面声音大、敲鼓身声音小）。

教师示范敲打腰鼓，引导幼儿感受节奏（轻、重/长、短）。

（2）教师出示节奏谱，并教小朋友认识图谱，让幼儿学习有节奏的练习打法。

① 让幼儿听教师有节奏地敲鼓，然后模仿。

Ｘ × ×/Ｘ × × 大 大 大/大 大 大

② 教幼儿认识节奏谱，再次学习打节奏。

加入儿歌《过端午》进行练习：

五月五　　过端午

划龙舟　　敲锣鼓

一二　　　三四五

你来划船　我打鼓

（四）创造表现

师：刚才我们用Ｘ × ×/Ｘ × × 的节奏进行了练习。现在老师这里有个很好听的音乐，你们听完试一试能不能根据歌词来创编一下新打法呢？

（1）提示：先熟悉音乐的节奏，再创编新打法。

（2）按照图谱边做动作边打鼓。（图谱上面有打法的提示）

集体练习—分组分段表演—集体表演。

（3）结束。

希望小朋友们能把打腰鼓这种民间传统艺术给传承下去哦！回去之后可以将我们今天学习的腰鼓打法教给你的家人，和他们一起体验我们的民间艺术游戏！

三盘鼓（大班）

松滋市杨林市镇中心幼儿园　刘雪娇

【活动目标】

（1）引导幼儿感受三盘鼓表演的喜庆氛围，让幼儿进一步了解三盘鼓的表演形式。

（2）教师教幼儿运用实物节奏图谱，并学习三盘鼓表演时敲锣打鼓合奏和欢快、押韵的简单唱腔。

（3）引导幼儿喜欢三盘鼓表演，培养幼儿喜爱民间艺术的表演情感。

【活动准备】

三盘鼓表演、三盘鼓表演道具、鼓和锣合奏的实物节奏图谱。

【活动过程】

（一）活动导入

欣赏教师的三盘鼓表演。

（二）活动步骤

1. 幼儿学习正确的敲锣打鼓合奏方法

（1）教师讲解正确打鼓、敲锣合奏的方法。

正确合奏的方法：每一小节，当教师的鼓打到第三下的时候，幼儿的锣就要同时敲响。

（2）组织幼儿合作演奏，师幼一起纠正。

请几组幼儿上来合奏，老师和小朋友一起纠正，让全班幼儿熟悉合奏的正确方法。

2. 幼儿学习运用实物合奏图谱练习

（1）出示实物节奏卡，让幼儿尝试按照实物节奏卡来练习敲锣打鼓。

① 分组用拍手和拍桌子的方法练习合奏。

② 分组按照实物图谱练习击鼓和敲锣合奏。

（2）让幼儿学习运用节奏图谱练习锣鼓合奏，教师进行个别指导。

（3）幼儿分组表演敲锣打鼓。

3.幼儿学习三盘鼓欢快、押韵的简单唱腔

（1）熟悉唱词。

（2）学唱简单唱词。

4.幼儿进行三盘鼓表演

（三）结束

哇，小朋友们表演得太精彩了！刚刚汤老师说中班的弟弟妹妹也好想看我们的表演哟，现在我们就去为他们表演吧！

主题活动三：趣味剪纸

主题背景：剪纸是我们中国传统的民间艺术，其在视觉上给人以透空的感觉和艺术享受。剪纸活动是一种较为综合的智力趣味活动，除了其本身具有很高的艺术性外，还是促进幼儿全面发展的教育手段之一。在多种文化不断冲击、碰撞、融合的今天，让幼儿学习剪纸这一中华民族历史悠久的民间艺术，能引导幼儿去自由发现、自由想象、自由创造，让剪纸艺术在幼儿教育中发挥独有的艺术魅力和教育价值。

趣味纸翻花（小班）

松滋市机关幼儿园　张小月

【活动目标】

（1）引导幼儿对纸翻花这种民间艺术活动感兴趣，能与同伴快乐地游戏。

（2）引导幼儿了解纸翻花的特点，能大胆想象与思考，发现纸翻花的多样变化并能表达。

（3）教会制作简单的球形纸翻花。

【活动准备】

PPT，音乐，各种形状的纸翻花，拉花，雪糕棒，胶水，卡纸，画笔。

【活动过程】

（一）情境创设，引出主题

（1）引导幼儿发现纸翻花小店，引出主题，引导幼儿学会购买。

（2）通过"老板"介绍纸翻花，让幼儿了解纸翻花的多种变化。

老板：纸翻花是一种民间纸制工艺品，有着非常久远的历史。古时候人们叫它"翻天印""十八翻"。你瞧它花里有花，花中变花，有着很多变化，它不仅是我们小时候非常喜欢的玩具，还是我们国家的国粹呢。

（3）重点：欣赏各种纸翻花，了解它多变的特点和艺术价值。

（二）游戏：纸翻花变变变

（1）引导幼儿观察葫芦形状的纸翻花，让幼儿与同伴尝试多种玩法。

游戏规则：纸制品特别脆弱，大家要慢慢地打开，轻轻地抖，轻轻地翻。

（2）师幼探索，启发想象，学会表达。

师：和老师一起变变手中的纸翻花吧！

一拉一折，变成一座彩虹桥。一折一翻，变成八宝扇子花。

用手一转，变成海棠鸡冠花。轻轻一抖，变成双声喇叭花。

手指一压，变成峨眉磨盘花。

（3）重点：引导幼儿学会观察和想象并能表达。

（三）制作：球形纸翻花

（1）教师介绍材料：拉花，雪糕棒，双面胶。

（2）教师示范。

（3）幼儿操作，教师辅助。

（4）作品欣赏与评价。

（四）游戏：我来当老板

师：小朋友们，纸翻花是祖辈传承下来的一门手艺，我们不仅要自己学会做纸翻花，还要让更多的人了解它、喜欢它，将这门艺术永远传承下去。今天我们来当小老板，把纸翻花出售给喜欢它的人好不好？

剪棵爱心树（中班）

松滋市八宝镇希望幼儿园　　杨晓艳

【活动目标】

（1）引导幼儿感受剪纸创作的乐趣，体验帮助他人的快乐。

（2）引导幼儿学习左右对称图案的剪纸，进一步掌握剪纸的基本技能。

（3）引导幼儿充分发挥想象力，和同伴合作完成爱心树。

【活动准备】

彩纸若干、剪刀、记号笔、双面胶、故事图片、树枝背景图。

【活动过程】

（一）看图讲故事，激发幼儿创作欲望

（1）教师用提问的方式激发幼儿观察倾听能力。

（2）教师提问：故事讲了什么？你有什么好的办法呢？

（3）引导幼儿用完整的语言进行表述。

（二）教师示范折剪"爱心"的方法

对边折剪的方法共三步：第一步是对边折纸，第二步是画图，第三步是沿边线裁剪。

（三）幼儿练习，教师适时指导

（1）教师介绍材料：彩纸、剪刀、记号笔、双面胶等。

（2）教师提出剪纸要求。

① 幼儿各自按照不同的能力分工合作进行剪贴。

② 要求幼儿使用剪刀时注意安全。

③ 要求幼儿将垃圾放入操作盘中，不要乱扔。

（3）幼儿操作时，老师针对个别幼儿的实际情况给予适当指导。

（4）让幼儿把自己的愿望记录在爱心卡上。

（四）作品展示，相互欣赏

（1）教师出示大树背景图，带领幼儿一起布置"爱心树"。

（2）祈福活动：让幼儿说说自己的心愿。

剪窗花（大班）

松滋市划子嘴幼儿园　邹倩倩

【活动目标】

（1）培养幼儿对剪纸艺术的兴趣，引导幼儿学会欣赏窗花的情趣。

（2）发展幼儿手部动作的协调性和灵活性。

（3）幼儿通过探索能创作出不同折剪方式的窗花。

【活动准备】

（1）经验准备：教会幼儿剪对称图形。

（2）物质准备：窗花课件PPT，剪刀，各种形状、颜色的纸，胶棒，双面胶。

布置小李村的喜庆场景、李大娘家的场景，音乐《拥军秧歌》伴奏曲。

【活动过程】

（一）情景导入，引出主题——窗花

师：小朋友们，告诉大家一个好消息，新年马上要到了，小李村的叔叔阿姨爷爷奶奶们邀请我们一起去过大年呢！我们走吧！（音乐起，教师带幼儿扭秧歌入场）

师：小李村到了。哇！装扮得可真漂亮啊！小朋友们快看看，感觉怎么样啊？

（幼儿通过观察环境感受喜庆节日的气氛）

教师介绍窗花的由来，引发剪窗花的兴趣。

师：他们都是用什么来装饰的？（引导幼儿观察拉花和窗花等装饰物）

师：拉花和窗花都是我们民间的剪纸艺术，漂亮的窗花不仅可以美化和装饰我们的生活，还可以传递喜庆的信息。所以每逢春节或喜庆的节日，人们便会用窗花来装饰房子和各种物品，将房屋装扮得充满节日气氛。

师：那你们知道这些漂亮的窗花是怎么做出来的吗？（幼儿讨论回答）

师：听说那边李大娘家正在剪窗花呢，我们一起去看一看吧！

（二）参观李大娘家，学习尝试剪窗花

（1）引导幼儿观察房间内外的各式窗花。

（2）李大娘传授剪纸基本方法：先折、后描、再剪。

（3）幼儿尝试剪窗花。教师巡回指导。

（三）幼儿观看课件《民间艺术剪纸》，激发幼儿第二次创作

（1）师：刚才看了李大娘剪的窗花，你们感觉怎么样呢？今天邹老师也带来了一些民间艺术家的窗花作品，我们一起来看一看吧！

（2）幼儿欣赏民间艺术窗花，感受民间艺术的美，进一步提升剪纸经验。

师：剪纸艺术既神奇又有趣。通过折、描、剪几种方式我们就可以把可爱的动物、美丽的植物、栩栩如生的人物、农民生产时的场景刻画得淋漓尽致。这就是我们民间艺术的魅力。

鼓励幼儿大胆创作，用不同的折法和剪法去创作窗花。

（四）评价与分享

教师一边巡视剪窗花过程，一边评价，对大胆创新折剪的幼儿给予表场，对不够大胆的幼儿给予鼓励。

师：你们设计的窗花都剪好了吗？你们的小手可真巧，那拿上我们的窗花一起去装扮小李村吧！走啰！贴窗花去啰！

教师引导幼儿边贴窗花边互相欣赏评价。

▶▶ 主题活动四：巧手编织

主题背景：编织艺术是我国古文明精神文化的象征，《上海市学前教育课程指南》中指出："要让孩子感受祖国文化的丰富性，了解一些接触到的多元文化。"编织活动让幼儿接触到多样的编织材料，把自己所观察到的一些事物形态编织出来，启发了幼儿的观察力、想象力、创造力，使幼儿的有意注意、观察的顺序性、手眼协调能力得到锻炼。在编织艺术的熏陶下、生活实践的体验中，感受编织的魅力，提高幼儿的审美能力。

编草帽（小班）

松滋市机关幼儿园　刘海燕

【活动目标】

（1）引导幼儿体验编织的乐趣，了解稻草编织是我国传统的民间艺术。

（2）教幼儿学习用稻草编织，锻炼手部精细动作。

（3）引导幼儿感受劳动与创造的快乐。

【活动准备】

稻草若干捆、半成品帽子15顶、夹子15个、音乐、微课视频。

【活动过程】

（一）活动导入

（1）师：小朋友们，你们家里都有帽子吗？你们知道帽子的作用是什么吗？今天刘老师给你们带来一顶特别的帽子，看看这顶帽子是用什么做的？（稻草）

（2）师：稻草的作用可大啦！在我们爷爷奶奶生活的那个年代，他们穿的衣服、鞋子都是用稻草编织成的，就连睡的床上铺的也是稻草编织成的草席。稻草编织是我们国家古老的民间艺术，小朋友想不想像我们的爷爷奶奶一样，用稻草来编织生活用品呢？

（二）观看视频，学习稻草帽的编织方法

今天我们来学习用稻草编织一顶漂亮的草帽，先看看视频里的这位老师是怎么编织草帽的。

看完视频后，请幼儿说说视频里看到的编织草帽的方法（上下交错编织法）。

（三）幼儿操作，师巡回指导

（1）教师介绍操作材料：稻草、半成品的草帽。

（2）教师教幼儿用稻草练习上下交错编织法，鼓励幼儿掌握这种编织方法的技巧和要领。

（3）教师针对幼儿的差异给予适当的帮助。

（四）幼儿互相欣赏

哇，有些小朋友已经做好了，真好看！来，把你编好的草帽戴在头上，我们一起来照相吧！

【活动延伸】

幼儿戴上草帽围成圆圈，跟随欢快的音乐跳"草帽舞"。

蛋网巧编织（中班）

松滋市八宝镇群星幼儿园　李玲玲

【活动目标】

（1）引导幼儿感受编织的美，激发幼儿参与编织活动的欲望及兴趣。

（2）引导幼儿学习绳网编的技巧。

（3）培养幼儿两人或多人合作的精神。

【活动准备】

各种编织物图片或实物若干、五彩绳若干、立夏蛋若干。

【活动过程】

（一）活动导入

（1）教师出示绳网编样品图片，请幼儿欣赏，以此激发他们的学习兴趣。

（2）师：这些饰品好看吗？它是用什么做的呢？它是怎么做成的呢？

（二）师讲解绳网编的技巧

（1）观看微视频，教幼儿学习网编的方法。

第一步，将一条绳子用剪刀分成若干条，长短适宜。绳子越多，网兜编织得越密，体积也越大；绳子越长，编织的网兜越长。

第二步，在绳子的一端打一个单结。

第三步，相邻两根绳子打一个单结。

第四步，第二排绳子交错打单结，箭头所指的两条绳子相互打结。

第五步，第三排绳子再交错打结，以此类推，重复这个步骤。

第六步，将剩下的部分绳子集合在一起在适当的位置打结，这样网兜就做好了（先将鸡蛋放入网中再打结）。

（2）教师出示绳网编的示意图图片，幼儿按照先后顺序排列在黑板上。

（三）幼儿编织蛋网

（1）教师结合示意图，带领幼儿看图谱了解编织方法及步骤。

（2）幼儿尝试编制蛋网。

（3）教师巡回指导。鼓励幼儿之间互相帮助、两两合作。

（四）成果展示，分享作品

（1）幼儿将鸡蛋放入编好的网里，然后打结，挂在胸前，并交流分享自己的劳动成果。

（2）合影留念。

七彩编编乐（大班）

松滋市机关幼儿园　王春云

【活动目标】

（1）引导幼儿喜欢编织活动，体验编织的乐趣。

（2）引导幼儿学会一种编织的方法，激发其兴趣，提高其编织技能，锻炼幼儿的动手能力。

（3）在细致的编织活动中养成有条理、有耐心的好习惯。

【活动准备】

泡沫纸剪的半成品围巾（与幼儿人数一样多）、各种颜色的彩条若干、双面胶、盘子、篓子、PPT。

【活动过程】

（一）谈话导入

（1）小朋友们，现在是什么季节（冬天）？那你们觉得冷不冷，平常你们是用什么来取暖的呢？幼儿自由回答。

（2）小朋友们真棒，知道那么多的取暖方法。新年马上就要到了，我们用自己的双手一起来编织一条围巾，当作新年礼物送给妈妈。

（二）看PPT，了解几种生活中常见的编织材料

（1）小朋友们知道哪些材料可以用来编织？（毛线）

（2）看PPT，了解几种生活中常见的编织物品。（竹编、草编、毛线编）

教师小结：编织是人类最古老的手工艺之一，也是一种技术，除了刚才我们看到的竹编、草编、毛线编外，还有藤编、棕编、柳编、麻编，在以后的学习生活中，老师会带着你们去慢慢了解。今天我们就用一种特殊的材料，学习一种最简单的编织方法来为妈妈编织围巾。

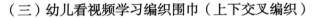

（三）幼儿看视频学习编织围巾（上下交叉编织）

（1）提醒幼儿注意色彩的搭配，使画面色彩明快，对比强烈。

（2）幼儿尝试编织围巾，教师巡回观察，帮助能力弱的幼儿。

（3）鼓励能力强的幼儿大胆创新，可隔一根穿插。

（4）提醒幼儿注意安全及注意桌面和地面卫生。

（四）评价幼儿作品

（1）幼儿互相展示作品，分享成果。

（2）找找哪些有创意，和老师的不一样。

【活动延伸】

把新年礼物送给妈妈。

主题活动五：美丽印染

主题背景："印染"是一项操作性较强的美术活动，是幼儿喜爱的艺术活动形式之一，我们根据幼儿的心理、生理特点把复杂的民间工艺转变成丰富多样的印染活动，如具有松滋本土特色的蓝布印花、土家扎染等，让幼儿对印染文化有进一步的了解，感受印染的快乐，鼓励幼儿大胆地进行想象、创造，自由地表达自己的认识，抒发内心的情感，体验印染的神奇魅力，感受自由创作的快乐，让美渲染到幼儿的心田。

染"韵"花开（小班）

松滋市机关幼儿园　刘英

【活动目标】

（1）引导幼儿体验中国民间艺术"晕染"带来的乐趣与成就感。

（2）引导幼儿掌握晕染的基本方法与技巧，学会用晕染的方法制作各种小花巾。

（3）提高幼儿审美能力及大胆创意的能力。

【活动准备】

（1）物质准备：棉签、滴管、酒精、颜料、水彩笔、各类形状的物品、宣纸、白布。

（2）场地准备：跳蚤市场。

（3）其他：视频。

【活动过程】

（一）走进热闹的跳蚤市场

（1）幼儿跟随音乐去逛市场（绕场欣赏各铺面的物品，被花奶奶晕染坊的叫卖声吸引）。

（2）幼儿欣赏，提问引导。

①小朋友们，花奶奶卖的这是什么呢？（手绢）

②我们一起来欣赏花奶奶的特色手艺。

（引导幼儿通过看、摸感受手绢的材质、花形，激发幼儿的兴趣和购买欲望）

花奶奶说：双十一大促销，手绢已经卖完了，孩子们自己去学着制作吧！

（二）参观晕染坊，激发幼儿的兴趣

师：现在跟随老师一起来认识下我们需要用到的材料吧。

（1）教师介绍材料，让幼儿观察酒精，通过看颜色、闻气味认识酒精（注意安全）。

（2）幼儿自由探索，教师进行引导。

师：我们可以在宣纸上点星星、种豆子、点小花，就像我们之前点一串红一样，拿起棉签去喝口水，再用棉签点在宣纸上，颜色就留在宣纸上了，记住一支棉签只能点一个颜色，看看点上去的开花没，小朋友仔细观察。（没开花）

师提问：这是为什么呢？我们一起来看看是哪种材料还没用到。（引导幼儿去找寻）

（3）引导幼儿用棉签蘸酒精在颜料上点点再观察有无变化。

（4）观看视频。

师：我们一起来看看小朋友们找到的方法是不是和花奶奶用的方法一样。

师幼小结：我们把颜料点到宣纸上，然后用点有酒精的棉签在图案上点一下，图案就开花了。现在就用我们的方法去做手绢吧！

（三）自己动手，设计手绢

（1）以棉签点画、水彩笔自由涂鸦、拓印三种类型布置三个操作台，引导幼儿自由选择喜欢的制作方式。

（2）幼儿自由操作，教师随时引导。

（四）作品欣赏，评价

引导幼儿介绍自己的手绢以及上面的图案，让幼儿评论谁的手绢做得最美。

【活动延伸】

师：刚才花奶奶说，我们今天做的手绢可以去跳蚤市场换取自己喜欢的物品，我们赶快出发吧。

美丽的扎染（中班）

松滋市机关幼儿园　谢 纯

【活动目标】

（1）引导幼儿感受扎染艺术的形式美与创作的多样性，体验扎染的乐趣。

（2）引导幼儿通过自身的创作体验，了解简单的扎染方法。

（3）让幼儿知道扎染是土家族的民间艺术形式。

【活动准备】

课件、微课视频及iPad、扎染布条、染色剂、皮筋若干、玩具若干、场景布置。

【活动过程】

（一）到卸甲坪做客，初步感受土家族民间艺术——扎染

（1）师："小朋友们，你们还记得卸甲坪这个地方吗？上一次陈老师带小朋友去感受了那里好玩的摆手舞和篝火晚会，今天谢老师想带你们去参观那里另外一个美丽的地方。出发吧！"（跟随美丽的土家族音乐来到扎染制作厂）

（2）师："我们到了，你们看到了什么？（花布）这些花布漂亮吗？你们喜欢这些花布吗？为什么？"（颜色很美）

（3）小结。这些花布是土家族人特有的一种民间艺术。它的名字叫扎染。

（二）观看微课，了解步骤

（1）师："小朋友们，你们想知道这些花布是怎么变出来的吗？秘密就藏在小朋友桌子上的iPad里，待会儿小朋友们可以自己去看一看。"

（2）幼儿分组观看微课。（三组分别观看三种不同扎染方法的微课）

（3）幼儿边观看边与教师交流。

（4）师："谁能告诉我，美丽的扎染布是怎么做出来的？"

（5）教师和幼儿一起讨论并做示范，看课件突破难点、重点。（多折几次、用皮筋扎紧）

（6）步骤：扎——染色（染色剂，放在盆子里直接染色）——吸水（报纸）——烘干（吹风机、烘干机）

（三）动手实践，自主探索

（1）师：你们想不想自己动手做一块美丽的花布？请小朋友们一起动手来做吧！（强调上色时要戴上手套）

（2）教师播放课件，拓展经验。（各种扎染成品图片）

（四）分享成果，大胆展示

（1）幼儿互相讨论每个人制作的颜色及样式都不同。

（2）师：小朋友们扎染的小方巾可真漂亮，让我们一起把小方巾挂在扎染厂里，让其他班的小朋友来参观吧！下次我们再来体验不一样的土家风情。

（3）收拾整理。

魅力扎染（大班）

松滋市划子嘴幼儿园　陈青玲

【活动目标】

（1）鼓励幼儿尝试自己设计图稿，选择材料扎染手帕。

（2）鼓励幼儿能大胆操作，并积极向同伴展示和介绍自己的扎染作品与经验。

（3）引导幼儿通过欣赏进一步感受图案与扎染方法之间的关系，对扎染产生兴趣。

【活动准备】

（1）经验准备：幼儿已有用皮筋、玩具等工具和材料进行扎染的经验。

（2）物质准备：用不同方法制作的扎染作品若干。相对应的方法图谱（略）。扎染材料（白色手帕、剪刀、各色食用染料、橡皮筋、木棒）。

【活动过程】

（一）欣赏导入

（1）师：小朋友们，今天陈老师给小朋友带来了一组非常好看的图片，我们一起来欣赏吧。

（2）师：看，这是你们中班扎染过的手帕，还记得吗？

（3）师：陈老师今天还给你们带来了一些不一样的扎染手帕，仔细看看，这些手帕和你们之前扎染的手帕有什么不一样？（幼儿自由说）

小结：是的，这些手帕扎染出来的图形是有花纹、有规律的。今天，我们就一起来探索染图形的方法。

（二）交流探讨

（1）师：你知道这些好看的花纹是用什么方法扎染出来的吗？

（2）教师根据幼儿的交流情况，在手帕的下方出示相应的方法图谱。

（三）设计制作

（1）幼儿分组设计图纸。

（2）鼓励幼儿说说自己的设计，交流、探讨操作方法。

（3）鼓励幼儿动手操作扎染。

（四）欣赏作品，分享交流

（1）展示幼儿设计图稿及扎染的手帕并自由欣赏。

（2）师：你们都按照自己设计的图稿扎出来了吗？你们是怎么扎的？

（3）引导幼儿产生继续探索使用多种材料进行扎染的兴趣。

师：今天我们用皮筋和一些玩具设计、扎染了漂亮的手帕，老师还投放了其他的一些材料在美工区，小朋友可以继续探索更多的扎染方法。

主题活动六：艺韵乐乡

主题背景：松滋是个鱼米丰足、歌舞升平的古乐之乡，在各种农闲田间、节日庆祝中衍生了丰富多样的艺术表演形式，如打莲湘、打快板、采莲船、踩高跷、打夯号子、莲花闹、舞狮等。在这些民间艺术活动中，既有节奏明快的乡间小调，又有热烈奔放的劳动号子，还有诙谐幽默的说唱快板，带给幼儿强烈的视觉、听觉冲击，产生强烈的学习模仿兴趣，让幼儿感知其中的节奏美、韵律美，感受民间音乐、民间舞蹈带来的喜悦、欢庆、激励之情。

采茶舞曲（小班）

松滋市机关幼儿园稚慧园区　　杜巧丽

【活动目标】

（1）幼儿体验人们采茶时的喜悦心情，培养幼儿热爱劳动的良好品格。

（2）幼儿学习采茶动作，知道基础的采茶手法，了解动作要领。

（3）激发幼儿参与律动活动的积极性，提高其表现力和想象力。

【活动准备】

（1）经验准备：幼儿具备采茶经验，知道如何采茶。

（2）物质准备：音乐、视频、茶叶、水杯、开水、采茶图片、斗笠、竹篓、花布、布置茶园场景。

【活动过程】

（一）观看采茶视频，回顾生活经验

视频中的人在干什么？你在哪里见过？人们是怎么采茶的？

（二）欣赏视频《采茶舞曲》，模仿采茶动作

（1）引导幼儿用语言表达出采茶的要领、观察采茶表情和眼神及采茶动作要求，并提醒幼儿注意音乐节奏的变化。

（2）引导幼儿用语言表达采茶动作的要领。

竹篓抱起来，拨开茶叶找一找

左边衣袖挽起来，右边衣袖挽起来

左边采一片放进来，右边采一片放进来

多采几片放进来，多采几片放进来。太多了，两只手一起采

上下采一采，太累了，擦擦汗，两只手一起擦，帮助朋友擦擦汗

（3）让幼儿随音乐自由表现。

（三）情景游戏

（1）师：喂，小朋友们，快来采茶啦！大家看，那里有一座茶园，我们一起上山采茶吧！现在请每个小朋友戴上斗笠和竹篓，邀请你的好朋友两个人一起手牵手去采茶啦！（两人搭档跟随音乐互动表演）

（2）幼儿邀请老师一起进行采茶互动表演。

（3）鼓励幼儿自由创编、续编。

【活动延伸】

师幼喝茶、品茶。

打起小快板（中班）

松滋市老城镇朱家埠幼儿园　卢　娟

【活动目标】

（1）欣赏快板，引导幼儿初步感知快板的艺术表现形式。

（2）引导幼儿尝试使用小快板说儿歌。

（3）引导幼儿喜欢民间艺术，体验说快板的乐趣。

【活动准备】

小快板若干（人手一副）、快板表演视频。

【活动过程】

（一）出示快板，认识了解快板

师：老师今天给小朋友们带来了一个小乐器，你们知道它叫什么名字吗？你们知道它是什么做的吗？

小结：快板是用竹子做的，它是我国传统的民间曲艺艺术。

（二）观看视频，感知快板的节奏特点

（1）观看快板表演视频。

师：下面我们就来欣赏一段精彩的快板表演，感受一下它独有的韵味。

（2）师幼交流，说感受。

小结：快板表演节奏明快、平稳，台词幽默有趣，这就是中国传统的民间快板艺术。

（三）快板试练，学习打小快板

（1）引导幼儿动手尝试，探索小快板打法。

（2）师幼交流，展示小快板打法。

（3）引导幼儿再次练习，有节奏地打快板。

小结：打快板的节奏一定要明快、平稳才好听，如果乱打，就会感觉很吵。

（四）互动练习，同伴互致问候

（1）师幼问答，示范快板对话。

师：小朋友，你好吗？我向你们问声好！

（2）师幼互动，尝试快板问答。

师：我们还可以用快板向小伙伴问些什么？我们可以问小伙伴的名字、年龄、幼儿园，还有他最喜欢做什么等。下面我们就来试一试吧！

（3）同伴互动，练习快板问答。

师：那就请你和身旁的小伙伴也来玩小快板问答的游戏吧！

（4）同伴展示，使用快板问候。

小结：小朋友们，刚才我们使用快板进行了对话，我们还可以用快板表演儿歌呢！

（五）说唱快板，表演快板儿歌

师：小朋友们，你们会说什么儿歌？下面我们用快板一起说说你喜欢的儿歌吧！

（1）自由练习，尝试表演快板。

（2）教师巡视，给予幼儿必要的指导。

（3）幼儿分组展示，表演快板儿歌。

土家娃娃摆手乐（中班）

松滋市机关幼儿园　李伶俐

【活动目标】

（1）引导幼儿对民间艺术活动摆手舞感兴趣，激发幼儿热爱民间艺术、爱家乡的情感。

（2）引导幼儿认识土家族的特色服饰，了解摆手舞的由来和表现形式，乐意与同伴交流、分享。

（3）引导幼儿感受土家族人田间劳动的场景，大胆想象、模仿并创编成舞蹈动作，培养幼儿的创造力和表现力。

【活动准备】

幼儿身着土家族特色服饰、土家族人田间劳作的场景图片、土家摆手舞完整视频、土家摆手舞音乐、布置篝火晚会场景。

【活动过程】

（一）谈话导入

（1）师：我们今天这身打扮，你们觉得漂亮吗？喜欢吗？和我们平时穿的衣服有什么不一样呢？

（领口、袖口裙子上有花纹，有绣花，有围裙，扣子不一样，色彩搭配特别艳丽）

（2）教师介绍少数民族——土家族的特色服饰。

（二）观看土家族人劳动的场景，幼儿自主模仿劳动的动作

（1）教师出示视频，引导幼儿回顾生活场景，模仿劳动中的动作。

（2）引导幼儿模仿，教师进行动作提炼。

（三）欣赏土家摆手舞完整视频，学习基本动作——摆手

（1）教师播放视频《土家摆手舞》，引导幼儿欣赏并观察它有什么特点。

（2）小结：摆手舞的动作比较随性、快乐，我们试着把刚才的劳作动作串接起来，变成一支好看的摆手舞吧！

（四）参加篝火晚会

（1）哇，你们的摆手舞跳得真好，谁知道摆手舞是土家族人什么时候表演的呢？（祭祀和庆祝丰收的时候）

（2）秋天是丰收的季节，土家摆手节又要开始啦！土家族的人们想请宝贝们参加他们的篝火晚会，一起跳摆手舞，你们愿意吗？听，好听的摆手舞音乐响起来了！（轻声放音乐）请每个宝贝去邀请一位老师和我们一起参加吧！

莲湘乐（大班）

松滋市机关幼儿园　李伶俐

【活动目标】

（1）使幼儿了解打莲湘独特的艺术表现形式，从而萌发爱家乡的情感。

（2）让幼儿感受打莲湘音乐及舞蹈的风格，从而喜爱学习民族舞蹈。

（3）使幼儿熟悉旋律，学习打莲湘舞蹈的基本动作。

【活动准备】

莲湘舞蹈视频、莲湘棒（人手一根）。

【活动过程】

（一）小小莲湘棒

（1）今天，老师给每个宝贝都准备了一件小礼物，打开看看是什么呢？

（2）人手一根莲湘棒，它是由什么做成的呢？

（3）猜猜莲湘棒是做什么用的呢？

（4）教师介绍打莲湘是松滋传统的民间艺术，让幼儿初步了解它的表现形式。

（二）我来打莲湘

（1）播放视频，幼儿欣赏并说出自己的感受。

（2）幼儿自主尝试用莲湘棒敲打身体的各个部位。

（3）幼儿再次尝试用莲湘棒有节奏地敲打身体的各个部位。

（4）请部分幼儿展示自己的动作并说出打法。

（三）分组合作，创编动作

（1）播放音乐，幼儿再次感受音乐的节奏特点，并随音乐自由创编舞蹈动作。

（2）幼儿四人一组，创编打莲湘的舞蹈动作，教师巡回指导，及时肯定幼儿的表现，激发幼儿的创编兴趣。

（3）大家一起欣赏有特点的舞蹈的创编动作，学一学、跳一跳。

（四）舞蹈《莲湘乐》

教师带领幼儿齐跳民间舞蹈《莲湘乐》，感受欢乐、轻快的艺术氛围。

（五）结束

村里丰收了，邀请我们去表演打莲湘庆祝一下。我们出发吧！

采莲船儿划起来（大班）

松滋市老城镇朱家埠幼儿园　文艳平

【活动目标】

（1）让幼儿感受采莲船表演带来的欢乐，从而激发对松滋民间艺术的热爱。

（2）使幼儿了解采莲船的表演形式，学习运用踏点步、小碎步、小跑步来表现采莲船在水中划动的情景。

（3）使幼儿模仿采莲船中人物的表演，大胆尝试分角色进行表演。

【活动准备】

（1）物质准备：采莲船表演视频、采莲船、船桨、扇子、绸子等道具。

（2）经验准备：幼儿会唱自编的采莲船的词。

【活动过程】

（一）歌曲导入

湖北民歌《采莲船》。

（二）观看采莲船表演的视频，了解采莲船的表演形式

（1）师：想表演采莲船，光会唱可不行，采莲船有它独特的表演形式，我们一起来看看吧！

（2）播放视频，幼儿观看。

师：你看到了几个人在表演？你觉得他们分别扮演的是哪些人物？他们手上都拿着什么道具？他们唱的时候，船是怎么动的？锣鼓响起时，船是怎么动的？

（3）师小结：采莲船一般有三个主要演员，一个是坐在船中的采莲女，另一个是手拿竹竿的艄公，还有一个是手拿扇子的丑角，他们唱的时候船儿晃晃悠悠，锣鼓响起时，船儿划了一个大圆圈。

（三）模仿采莲船中人物的表演，引导幼儿学习踏点步、小碎步、小跑步

（1）播放视频，引导幼儿选择自己喜欢的角色进行模仿。

师：你最喜欢哪个角色？来模仿一下吧！

31

（2）引导幼儿学习踏点步、小碎步和小跑步。

师：谁模仿的采莲女？你是怎样让船摇起来的？又是怎样让船跑起来的？

（3）引导幼儿模仿艄公和小丑的动作。

师：谁模仿的艄公？艄公有哪些动作？

师：谁学的小丑？小丑有什么作用？怎样做才能让人笑起来？

（四）分组排练采莲船

师：我准备了两套道具，现在我们分成两组，你们自己去排练一下，谁唱、谁做艄公、谁做丑角？大家要商量好了，等一会儿我们两组来比赛，看谁表演得好一些。

（五）表演比赛，活动结束

师：两组的小朋友都表演得很好，配合得很好。现在拿起我们的道具，我们出去表演给中班、小班的弟弟、妹妹看一看，把民间艺术带给我们的快乐传播出去。

歌曲如下：

幼儿园　哟哟　真漂亮　呀火嘿　玩具多多　呀为之哟　是乐园　划着

老师亲　哟哟　伙伴好　呀火嘿　乐趣多多　呀为之哟　是家园　划着

滚灯总动员（大班）

松滋市划子嘴幼儿园　李　丹

【活动目标】

（1）让幼儿感受优秀的非遗文化滚灯的艺术魅力。

（2）让幼儿尝试自主探索、利用废旧物动手制作、装饰滚灯。

（3）激发幼儿热爱家乡的情感，培养幼儿动手制作的能力。

【活动准备】

（1）经验准备：家长带幼儿参观各种灯展，丰富幼儿有关灯的知识经验。

（2）物质准备：滚灯舞视频课件；各色装饰材料：各色蜡光纸、蕾丝纱、制作好的装饰画片、剪刀、胶布、颜料等；教师制作的范例及装饰滚灯的示意图。

【活动过程】

（一）有趣的滚灯舞

（1）今天，老师请大家一起欣赏一个特别有趣的舞蹈。

（2）教师结合课件播放，引导幼儿欣赏《滚灯舞》。

讨论：刚才看到的舞蹈好看吗？有什么特别的地方？

小结：这种特别的舞蹈道具叫作滚灯，用滚灯跳的舞就叫滚灯舞。

（二）任务进行时

（1）提出装饰、制作滚灯的任务，激起幼儿兴趣。

（2）探讨制作滚灯的方法和装饰滚灯。

小组探索和讨论制作方法：这些滚灯是不是用刚才小朋友说的方法做出来的？请你们选择自己喜欢的滚灯到桌子的旁边去做近距离观察，并结合制作示意图相互讨论，说说应该怎么制作。教师到各组启发幼儿讨论，并给予提示和肯定。

（3）提出制作要求。

可以模仿老师的方法制作，但是老师更喜欢看到你们自己设计喜欢的灯。

要运用以前学过的对称装饰、同类色装饰、对比色装饰等技能把灯装饰得更漂亮。

幼儿动手选择材料，设计、制作滚灯，教师指导能力强的幼儿自己设计滚灯，组合不同的材料装饰滚灯，指导幼儿运用以前学过的对称等技能装饰，帮助指导幼儿做穗子、穿线等，并提醒幼儿注意安全。

（三）展示幼儿制作的滚灯，教师引导幼儿欣赏

教师指导幼儿把制作好的滚灯陈列在活动室，引导幼儿欣赏："你喜欢哪盏灯？有什么特色？"鼓励幼儿大胆发表自己的看法。

舞狮（大班）

松滋市陈店镇中心幼儿园　邹小艳

【活动目标】

（1）使幼儿对中国民间传统文化——舞狮产生兴趣。

（2）使幼儿掌握舞狮时脚的基本技巧（如走、跑、退），学习创编舞狮动作。

（3）使幼儿能在一定情境中积极、自主地活动，会与同伴合作游戏，并获得愉快的情感体验。

【活动准备】

舞狮表演视频、舞狮表演伴奏乐、供幼儿表演舞狮的道具、游戏背景音乐。

【活动过程】

（一）播放视频，引入主题

提问：小朋友们看到了什么？在什么地方看过？

小结：这项有趣的活动是我国的传统民间艺术——舞狮。每到过年、大型的庆典活动、过生日、结婚的时候，人们就会用舞狮这种表演来表达自己心中的喜悦和幸福。

（二）学舞狮，掌握舞狮的基本技巧

（1）通过观察视频，了解舞狮脚步的基本动作。

（2）探索舞狮不同的动作（走、跑、退）。

（3）分发道具、播放舞狮音乐，幼儿自由练习。

师：请小朋友们两两结伴，商量好扮演角色，来领取自己的角色道具。要求狮头、狮尾配合好，动作协调一致，一举一动都要保持狮子的习惯，头尾不能断开。

（三）游戏《狮子摘果子》，进一步巩固舞狮的动作，加强舞狮的配合

1.老师讲解游戏规则

那我们分成两组去摘果子吧！老爷爷还有一个温馨提示，他说，在去摘果子的路上有一条河，在过河的时候要踩着脚印过去，不能掉下来，没有脚印的地方小狮子们就可以自由行走。摘果子的时候，要用手从狮子的嘴巴里伸出去摘，摘到的果子就贴在身上。老爷爷想看看哪一组狮子摘的果子最多，但是一趟只能摘一个，小狮子们要加油哦！摘到果子，返回队尾，等待其他狮子摘到果子，最后我们再来一起分享劳动的喜悦！

2.幼儿游戏

小结：小狮子们开心吗？累不累？那我们把狮子头放下，蹲下休息一会儿。小狮子们都很勇敢，能够克服困难，摘了很多果子，谢谢你们！

（四）小结

（1）欣赏《舞狮》。

师：刚刚观看、学习了我们本地的舞狮表演，这时我们来看看更专业、难度更大的舞狮表演。（提醒幼儿只能欣赏，不能模仿）

（2）师：表演舞狮累吗？很辛苦是吗？但心情怎样？大家看一看观众的表情怎样？

对，很开心。以后我们多练习，使我们的表演更精彩，给更多的人带来快乐。

（3）收拾整理，活动结束。

打夯号子唱起来（大班）

松滋市划子嘴幼儿园　杨安宁

【活动目标】

（1）幼儿尝试体验打夯，感受劳动人民的勤劳、质朴与智慧，增进对生活、劳动的热爱之情。

（2）使幼儿熟悉打夯的基本动作，松滋打夯号子的基本旋律、节奏和表现形式，并尝试表演。

（3）使幼儿知道集体力量大，进一步增强团结协作能力。

【活动准备】

打夯道具、场地布置、邀请卢华容老师助教、幼儿装扮。

【活动过程】

（一）播放PPT，活动导入

（1）观看视频，初步感受打夯的劳作场景，激发幼儿参与活动的兴趣。

（2）观看图片，了解打夯时的基本动作及要领，打夯时喊唱号子的意义。

（二）欣赏与学习

（1）倾听松滋原滋原味的打夯号子（请有打夯经验的卢华容老师现场表演唱打夯号子），初步感受旋律与节奏。

（2）隐性示范，另邀请三名教师配合卢华容老师用打夯道具表演完整的打夯动作和唱号子。

（3）幼儿学唱集体吆喝的号子（副歌）："嚯吙囉囉咧……嚯吙嚯吙囉囉囉咧"；学习基本的打夯动作，把握动作要领。

（4）师幼合作进一步学习，教师领唱，幼儿唱副歌并有节奏地做打夯动作。

（三）练习与表演

（1）出示打夯道具，幼儿分组，先自由练习一下打夯动作，唱一唱副歌。

（2）打夯号子唱起来。

① 第一遍请卢老师领唱，幼儿齐唱副歌，展现松滋本土特色打夯号子。

② 创编唱词。教师根据实景创编新词领唱，幼儿唱副歌部分。

③ 幼儿邀请其他老师一起来打夯。

（四）结束

（1）放松、谈话。教师与幼儿交流一起玩打夯游戏、唱打夯号子的感受。

（2）鼓励幼儿下次活动时当领唱者。

好玩的皮影戏（大班）

松滋市机关幼儿园稚慧园区　李佳丽

【活动目标】

（1）使幼儿对中国民间艺术皮影戏的表演形式产生兴趣，培养喜爱皮影戏艺术的情感。

（2）幼儿积极参与探索、调查、交流等活动，能大胆地用较连贯的语言表达自己的经验和问题，有进一步探讨的愿望。

（3）使幼儿能模仿皮影人的各种造型动作并能创编各种皮影舞的动作。

【活动准备】

联系皮影艺人来幼儿园表演，"俏夕阳"的视频，皮影人、皮影幕布若干。

【活动过程】

（一）看戏，导入活动

（1）师：孩子们，今天有一场好看的皮影戏，我们一起去看一看吧！

（2）欣赏艺人表演皮影戏："孙悟空三打白骨精"。

（二）了解皮影戏

（1）师：谁能告诉老师你们刚才看到的戏跟我们平时看到的戏有什么不

一样？

（2）幼儿回答后教师小结：这是我们国家的一种民间戏剧，叫皮影戏。表演时，表演者站在白色幕后面，在很强的灯光映照下，一边操纵手中的戏曲人物，一边用语言讲出故事情节。

（3）请出表演者，示意幼儿欢迎表演者。幼儿向表演者提出各种想知道的关于皮影戏的问题，表演者回答幼儿的问题，让幼儿看见表演者的表演。

（三）表演皮影戏

（1）幼儿尝试表演皮影戏，探索操纵皮影人的方法。

（2）欣赏2006年春节联欢晚会节目"俏夕阳"，尝试模仿表演者，使自己的身体关节动起来。

（3）幼儿在欢快的乐曲伴奏下，自己创编皮影舞蹈。

（四）结束

师：今天我们不仅自己操纵了皮影戏，而且自己还扮演了皮影人，小朋友太棒了！皮影戏是我们中华民族的民间艺术，是非物质文化遗产之一，传承人很少，我们一定要把我们国家的民间艺术发扬光大。

莲花闹（大班）

松滋市机关幼儿园   谢 纯

【活动目标】

（1）使幼儿对民间艺术——莲花闹产生兴趣，并能大胆地表现自己。

（2）幼儿感受莲花闹独特的节奏韵律，学习莲花闹的两种打法。

（3）幼儿能自己创编2～3句莲花闹的词并唱出来。

【活动准备】

（1）莲花闹用具若干，鼓一面。

（2）课件，活动前熟悉学过的儿歌、唐诗。

【活动过程】

（一）教师幼儿一起打莲花闹，说节奏儿歌，组织幼儿进入场地

儿歌：

小朋友，走走走，挺起胸，抬起头；小朋友，来来来，大大的眼睛看过

来；教室今天来新客，莲花闹儿唱起来，我来说，你来听，唱得好，给个赞，希望大家能喜欢，能喜欢。

（二）激发兴趣，知道莲花闹说唱的基本特点

（1）小朋友们，刚刚我们是敲着什么进入活动室的？（莲花闹）

（2）对，这个是我们松滋的一种民间艺术形式。今天，老师给你们请来了我们幼儿园一位小时候玩过莲花闹的老师——卢老师。她今天将给我们带来一段她小时候看过的莲花闹表演。你们想看吗？

（3）卢老师表演莲花闹（我转里转里转啦，弯啦弯里转，转到了我们大二班，大二班啦，是不一般啦，样样游戏都会玩。我莲花闹子打，我莲花闹子说，各位小朋友听我说。我莲花闹子几块板，敲敲打打是真好玩呀真好玩）。

（4）小朋友们，卢老师表演得怎么样？她唱的就是地道的松滋莲花闹，你们发现了吗？她是怎么打的？和我们刚刚打的有什么不一样呢？（有长板和花样打法）

（5）小朋友们，你们想不想玩一玩新花样的莲花闹呢？我们一起来学一学吧！

（三）课件展示打法，跟着鼓声练习

第一种打法：

× × | × × × |

第二种打法：

× × | × × | × —— |

分别用由慢到快的方式学习，最后用加入儿歌《小白兔》的形式练习，并给这两种花式打法取名字（盖帽法、翻花法）。

（四）尝试莲花闹表演

小朋友们，这两种方式你们都学会了吗？下面我们就要用刚学得的花式打法来表演了。

下面我们来分组，每组老师都分别安排了我们学习过的儿歌。

第一组是表演《安全守则歌》，要求用第一种节奏型表演。第二组是表演《颠倒歌》，要求用第一种节奏型表演。第三组是表演唐诗，要求用第二种节奏型表演。下面请大家自由选择小组，然后挑选一名组长开始练习吧！请你们分组商量台词分配。（提示表演时可以加入表演动作）

幼儿分组练习，教师指导。

分组进行表演，由听课老师选出最优秀表演小组。（用莲花闹表扬：棒棒棒，你们真棒）

（五）能力迁移

1.师示范用莲花闹打出自我介绍

"各位朋友大家好，我是大二班的谢老师，你们大家快坐好，听我来说说莲花闹！我班孩子不得了，个个都是棒宝宝，希望你们保持住，做个懂事的好宝宝。"

请个别小朋友来打莲花闹自我介绍。

2.结束（教师用莲花闹结束）

大二班的小朋友今天表现得真不错，希望你们努努力，人人会说莲花闹。多观察、多创造，相信一定能做到。各位老师欢迎您，下次继续来做客，来做客。

民俗民风类

▶▶ 主题活动七：民俗节日

主题背景：中国的传统节日丰富多彩，春节、元宵节、端午节、中秋节、重阳节……每个传统节日都有其丰富而深远的寓意。作为幼儿园教师，有责任利用丰富的传统节日资源，在幼儿园开展各种传统节日的教育活动，去挖掘一些节日中隐含的民俗文化，探索出一套适合幼儿园开展的传统节日教育的主题活动。

土家娃娃去摸秋（小班）

松滋市划子嘴幼儿园　姚　芃

【活动目标】

（1）使幼儿了解松滋的风土人情，知道卸甲坪乡是土家族聚居的地方，培养幼儿热爱家乡的情感。

（2）使幼儿知道秋天是丰收的季节，认识并品尝秋天的瓜果蔬菜。

（3）使幼儿积极参加民俗游戏"摸秋"，体验丰收喜悦的心情。

【活动准备】

布置农田一块、各种瓜果蔬菜、土家族儿童服饰、教学课件等。

【活动过程】

（一）谈话活动

（1）提问：小朋友，你们知道自己是哪里人吗？

（2）在我们松滋有一个美丽神奇的地方，叫卸甲坪乡，今天我们要一起坐上旅游大巴，到那里去游玩！

（3）教师带领幼儿模仿开车的动作，一起入场。

（二）参观卸甲坪土家族乡

（1）教师演示PPT，让幼儿初步了解卸甲坪土家族乡。

有广袤的山林和田野，是土家族人聚居的地方；土家族人有漂亮的民族服饰，喜欢唱山歌。

过年过节会燃起篝火跳摆手舞。

（2）介绍土家风俗"摸秋"。

提问：小朋友们，你们平时是怎么过中秋节的？

介绍"摸秋"的习俗。

（三）民间游戏《土家娃娃去摸秋》

（1）教师带领幼儿来到农田，介绍"摸秋"的玩法及规则。

（2）幼儿散开到农田的瓜叶和瓜蔓下摘瓜果，比一比谁摘到的瓜果多。

（3）认识摘到的瓜果。

（4）瓜果品尝会，结束。

包饺子（大带小活动）

松滋市机关幼儿园稚慧园区　邓　倩

【活动目标】

（1）让幼儿感受吃饺子的风俗，体验包饺子的乐趣。

（2）使幼儿初步掌握包饺子的步骤，自主探究各种造型饺子的包法。

（3）使幼儿了解饺子的相关知识，感受劳动的乐趣。

【活动准备】

（1）经验准备：手指游戏《包饺子》。

（2）物质准备：课件、饺子皮、饺子馅、碗、勺子、围裙、《包饺子》的视频及音乐。

（3）人员准备：小班幼儿8名，大班幼儿8名，客串教师1名。

【活动过程】

（一）识饺子

1.导入环节

（1）介绍。

今天我们小三班的小朋友要和大二班的姐姐们一起参加小兔姐姐的饺子party，你们开心吗？

（2）游戏导入。

饺子party的第一个环节是机智问答，我问你们回答，小耳朵仔细听哦！

2. 了解饺子

（1）你喜欢吃饺子吗？想想什么时候要吃饺子？

（2）你吃过的饺子是什么形状的？（饺子的形状各式各样，半圆形、半月形、角形）

（3）饺子是用什么材料做的呢？（它的外面是面粉做成的一层薄薄的饺子皮，里面有特别好吃的饺子馅儿）

（4）你吃过什么馅儿的饺子呢？（饺子馅儿有很多种，人们经常用肉和蔬菜或鸡蛋和蔬菜做馅儿。饺子的营养很丰富，花样种类很多）

3. 教师小结

饺子是我们中华传统饮食里一道家喻户晓的面点，也是中国人逢年过节必吃的食物，因为饺子象征着团圆、吉祥，人们逢年过节或迎亲送友总是要吃饺子，它也是北方人的主食和特色小吃，深受大家的喜爱。

来到饺子party的第二个环节——学习包饺子。

（二）包饺子

1. 尝试包饺子

（1）有哪位小朋友会包饺子，请上来展示一下。

（2）儿歌学方法：拿起面皮放手心，适量馅儿坐皮上，先把中间捏捏紧，两边合拢捏一捏，捏出最爱的形状。

（3）播放微课：展示几种不同造型的包饺子方法。你们学会了几种呢？

2. 一起包饺子

来到饺子party的第三个环节——包饺子。

小兔姐姐的要求：

（1）一位大朋友自由选择一位小朋友，两人一组。

（2）自选包饺子的方法，包出各种造型的饺子。

（3）包好的饺子整齐地放进餐盘中。

（4）大家要爱惜粮食，不要浪费。

3. 介绍自己包的饺子

介绍自己包的饺子的造型。

4. 讨论饺子的吃法

这些饺子你想怎么吃呢？饺子的吃法也很多，有煮的、蒸的，还可以煎着吃、炸着吃，今天因为时间的关系，我们来蒸着吃。

每组的大朋友把包好的饺子端给小兔姐姐，请她帮我们蒸饺子。

5. 尝试用各种方法再次包饺子

利用蒸饺子的时间，再试着用不同的方法包饺子。

（三）品饺子

（1）邀请老师品。

（2）幼儿相互品。

（3）送小朋友品。

划龙舟（中班）

松滋市机关幼儿园　肖春玲

【活动目标】

（1）使幼儿体验团结协作的乐趣，培养初步竞争意识和热爱祖国的情感。

（2）锻炼幼儿手部力量和手脚的协调性。

（3）在赛龙舟的过程中，两人甚至多人协调一致地活动，发展合作精神。

【活动准备】

（1）经验准备：幼儿对端午节和赛龙舟有初步的了解。

（2）物质准备：龙舟头饰，两艘龙舟及桨，小红旗一面，龙舟赛视频、音乐。

【活动过程】

（一）准备活动

1. 热身运动

师幼以模仿划龙舟的方式进行准备活动，师生一起做模仿动作。

游泳操（活动上肢）、射箭操（弓箭步，左右开弓）、乒乓球操（半蹲，体转）、竞走操（全身运动）、打鼓、划船等，在这个过程中运动全身，如抬腿、伸手、弯腰等。

2. 回顾端午节活动，引出赛龙舟的主题

师：我们刚刚过了端午节，谁知道端午节都有哪些习俗？人们要吃什么、做什么？

幼儿：端午节要吃粽子，还要赛龙舟。

师：刚才许多小朋友说到端午节要赛龙舟。那么，赛龙舟是什么样的？你们看到过吗？（一起看视频）

（二）自由探索和练习

1. 探索划龙舟的方法

引导幼儿观察站着的、坐着的、打鼓的、拿红旗的、划龙舟的不同角色的不同姿势。

2. 体验划龙舟、赛龙舟

（1）怎么样划龙舟，可以让它向前动起来？

（2）幼儿探索玩法，教师注意观察、发现幼儿的不同玩法。

（3）探索哪种方法最快、最省力。

（三）竞赛游戏

幼儿分组开展竞赛。

（四）放松整理

甩甩手，转转头，扭扭腰，踢踢脚，拍拍腿，深呼吸。

▶ 主题活动八：我是土家娃

主题背景：卸甲坪土家族乡，地处湖北省松滋市西南边陲，是"两省四县市"的接合部位，素有"荆州屋脊""松滋高原"之称，这里地形奇特，既有气势磅礴的崇山峻岭，也有特产丰富的冲积平原；既有幽深峡谷泛潺潺流水，也有山间盆地衬层层梯田。这里气候温和、四季分明，大多数村庄沿洈水坐落，空气清新、冷暖宜人，是荆州市少有的"小气候"地带。这里旅游资源独特，境内峰峦叠翠，自然风光秀丽，人文景观奇特，民族风情万种，古老遗址百处。山寨、古城、土楼、溶洞遍布，温泉、漂流、避暑山庄、天然盆景园数十处。

为了增进幼儿对家乡发展历史的了解，感受家乡的变化，通过自主合作、探索问题充分挖掘家乡的教育资源，激发幼儿爱家乡、爱祖国的情感。因此生成"我爱家乡"这一主题内容。

好听的土家儿歌（小班）

松滋市卸甲坪土家族乡中心幼儿园　严清桂

【活动目标】

（1）让幼儿喜爱土家儿歌，了解更多的土家族文化。

（2）锻炼幼儿的语言表达能力。

【活动准备】

土家儿歌1～2首。

【活动过程】

（一）导入

师：小朋友们知道自己是什么民族吗？（土家族）介绍土家族的民俗文化。

在家里，家人都教了哪些儿歌呢？（引导幼儿大胆表达发言，以此引出主题）

今天老师也带来了两首儿歌，我们一起来听一听、学一学吧！

（二）听儿歌，学念儿歌

《三岁伢》

三岁伢，穿红鞋，摇摇摆摆上学来。

先生先生不打我，回去喝口妈儿（奶）来。

（部分幼儿会这首儿歌，且有方言音，如鞋读"孩"）

《啄米倌》

啄米倌，土里钻。

生个蛋，二斤半。

娘要吃，儿要看，

老头儿要留起过月半。

丫头留起抽花线。

抽花线，绣牡丹，

越绣越好看。

（此处有方言音，如吃读"七"）

（三）游戏《我说你接》

以游戏方式加深对儿歌的记忆。

（1）师说上句，幼接下句。

（2）师幼交换再进行儿歌接龙。

（3）幼儿自主练习。

（四）结束

儿歌展示，结束活动。

土家迎宾茶"油茶汤"（中班）

松滋市划子嘴幼儿园　陈青玲

【活动目标】

（1）感受土家族的风土人情，了解土家族独特的迎宾方式。

（2）幼儿动手制作油茶汤。

【活动准备】

（1）大蒜、姜、大葱、粗茶叶、米子、花生米、红枣、爆米花、猪油。

（2）图片、视频、PPT、音乐《茶香中国》《五口茶》。

【活动过程】

（一）走进土家族

（1）播放视频：了解土家族的风土人情。

（2）谈话，引出油茶汤。

（二）了解油茶汤

（1）播放视频：油茶汤的来历。

（2）师小结：油茶汤是一种似茶饮汤质类的点心小吃，香、脆、滑、鲜，味美适口，提神解渴，是土家族人非常钟爱的风味食品，故有民谚曰：（"不喝油茶汤，心里就发慌。"）同时，喝油茶汤又是土家族人招待客人的一种传统礼仪。凡是贵客临门，土家族人都要奉上一碗香喷喷的油茶汤。

（三）制作油茶汤

（1）播放油茶汤的制作过程，幼儿欣赏。

（2）观察油茶汤的制作材料：教师引导幼儿逐一观察油茶汤的制作材料并简单讲解。

（3）师幼一起动手制作油茶汤。（播放音乐）

（四）品尝油茶汤

（1）学习端茶礼仪。

（2）师幼一起品茶。（播放音乐《五口茶》）

我爱砂罐茶（中班）

松滋市机关幼儿园　韩劲芳

【活动目标】

（1）激发幼儿爱家乡、爱家乡人民的情感。

（2）知道砂罐茶是松滋招待客人的一种礼俗，了解松滋人热情好客，和谐友好。

【活动准备】

砂罐、茶叶、松滋民歌《是滴撒、哦豁啦》。

【活动过程】

（一）欣赏松滋民歌

（1）欣赏松滋民歌《是滴撒、哦豁啦》。

（2）请幼儿说说歌里唱了什么，引出砂罐茶。

（二）了解松滋特产砂罐茶

观看PPT，了解砂罐茶的制作过程。

（三）如何做个文明、有礼貌的松滋人

（1）老师示范自己小时候做过的事情，请幼儿说说这样做好不好，为什么？

（2）请个别幼儿讲述，大家一起评价这样做好不好？

（四）如何做个热情好客的小主人

（1）请幼儿学习如何招待客人。

（2）情景表演：我是热情的小主人。

土家编织（大班）

松滋市卸甲坪土家族乡中心幼儿园　周小兰

【活动目标】

（1）使学生感受编织的美，学会自创编织各种几何图案。

（2）幼儿遇到困难时能坚持不放弃。

（3）重难点：在已有编织的基础上，边探究边尝试自创新的编织方法。

【活动准备】

硬纸型半成品相框（内外错位呈间距相等的锯子齿形象），不同颜色的毛线、样品，幼儿设计的鞋垫成品，与相框同等大小的底板等。

【活动过程】

（一）出示相框编织样品，请幼儿欣赏，激发他们的制作热情

师：这个饰品好看吗？如果把它们悬挂在我们的教室里会怎么样呢？这些饰品是用什么做的？怎么做的呢？

（二）请幼儿边看样品边讨论，鼓励他们说一说编织缠绕的方法与步骤

（1）做出这样的饰品有几个步骤呢？

（2）单向缠绕与双向缠绕哪个更美观？

（三）教师结合样品，启发幼儿一步一步地编织，鼓励他们互相帮助

（1）注意单向缠绕每次绕的时候方向都是一样的。

（2）每次绕的时候都要拉紧线，否则，最后不平整就不好看了。

（3）中途接线或者换线时要注意打好结，不要中途断掉了。

（四）请幼儿相互欣赏对方的作品，引导他们进行更有挑战性的编织

（1）除了单向编织，还有双向编织，方法是一样的，但图案是由第二次编织缠绕时所选锯齿的间距和方向决定的。

（2）当缠绕的间距和方向不同时，所呈现的图案也就不同。

（3）第一遍是基础，第二遍才是升华，图案的关键是要看第二遍缠绕时所选锯齿的间距。

土家莲湘（大班）

松滋市卸甲坪土家族乡中心幼儿园　雷思绍

【活动目标】

（1）使幼儿对土家族舞蹈——土家莲湘产生兴趣。

（2）使幼儿了解莲湘独特的节奏和韵味，掌握敲打的基本动作练习。

（3）使幼儿进一步了解家乡，增强幼儿热爱家乡的情感。

【活动准备】

音乐《土家莲湘第一套》、莲湘棍、文化站表演视频。

【活动过程】

（一）认识莲湘棍

师出示莲湘棍并问：这是什么？是做什么用的？怎样可以让它发出声音？

小结：莲湘棍是用一根细竹竿制作的，竹竿中间挖一个孔嵌入铜钱，摇动棍子，铜钱就会哗哗地发出响声。

（二）播放文化站《土家莲湘》表演视频

师：小朋友们发现老师是怎样拿莲湘棍的？拿棍敲打了身体的什么部位？是乱敲的还是有节奏的？

小结：表演者是右手握棍载歌载舞，棍忽上忽下，时左时右地击肩、背、足、四肢，打出有节奏的声音。音乐采用地方小调，节奏鲜明、平稳、轻快。

师：小朋友们最喜欢哪个动作？最喜欢哪段音乐？

小结：一根莲湘棍在好听的音乐下可以敲打出这么多漂亮的动作，我们也来学一学吧！

（三）尝试打莲湘

幼儿模仿视频中老师的动作，师指导：重点是握棍的姿势，不断地尝试有节奏地敲打身体的各个部位。

（四）创编《土家莲湘第一套》

听《土家莲湘第一套》音乐的节奏，变换地敲打身体的部位，创编动作。

【活动延伸】

在区域"山寨大舞台"中继续进行打莲湘的创编活动。

主题活动九：我是小小传承人

主题背景：从幼儿的言行中，我们发现民间工艺品已经对他们产生了巨大的吸引力，有许多他们未知的、有探索价值的问题值得去探究。而且，该主题的产生具有一定的可行性和必要性，旨在弘扬民族艺术，培养幼儿对民间文化的热爱和民族自豪感。因此，我们根据幼儿的年龄特征和地域特点，结合家庭及社会资源，有针对性地帮助幼儿收集、整理资料，体验和感受民间艺术的丰富多彩与独特魅力。

美丽的年画（小班）

松滋市机关幼儿园　李赵婷

【活动目标】

（1）欣赏年画，使幼儿初步感受年画形象和色彩中呈现的喜庆吉祥的气氛。

（2）使幼儿初步了解年画的种类、色彩及其表现的含义。

（3）幼儿能够通过涂色、拼贴的方式制作自己喜爱的年画。

【活动准备】

年画图片《连年有余》；PPT；音乐《金蛇狂舞》；空白底板；未涂色的莲花、鲤鱼、灯笼、鞭炮、小娃娃等图片若干。

【活动过程】

（一）观看年画展，吸引幼儿兴趣

（1）播放背景音乐《金蛇狂舞》，带领幼儿参观年画展，请幼儿自由欣赏、交流。

（2）从这些画里，你看到了什么？（小朋友、动物；颜色很鲜艳）看到这些画，你有什么感觉呢？（高兴、热闹、喜庆、有过年的感觉）

（3）小结：这些增添节日喜庆气氛的画就是专门在过年的时候张贴的，这种画叫作年画。

（二）欣赏年画《连年有余》，初步了解年画的几大种类

（1）出示年画《连年有余》，引导幼儿观察、欣赏。

因为年画上的小男孩的表情是笑嘻嘻的，很开心，而且画面的颜色大都是红色、黄色、绿色，色彩鲜明活泼，有一种喜庆热闹的感觉。这幅《连年有余》表达了人们希望年年丰收、生活富裕的美好心愿。

（2）播放PPT，介绍欣赏各种类型的年画。

年画是我们中国传统的民间艺术之一，历史悠久，不仅是我们刚刚看到的那些，还有各种各样的类型，让我们一起来欣赏一下吧！

（三）制作年画

播放背景音乐，自愿选择制作年画。

（四）结束

欣赏年画，互送祝福。

赛龙舟（大班）

松滋市机关幼儿园　周　媛

【活动目标】

（1）让幼儿感受龙舟的美，体验合作设计龙舟带来的乐趣。

（2）使幼儿了解龙舟的由来，知道龙舟是做成龙形或刻有龙纹的船只，由龙头、龙身、龙尾三部分构成。

（3）使幼儿能够分组设计、制作、装饰龙舟。

【活动准备】

（1）经验准备：知道端午节有赛龙舟的习俗，看过赛龙舟的视频。

（2）物质准备：彩色卡纸、龙头简笔画、KT板、剪刀、双面胶、蜡笔。

【活动过程】

（一）手指游戏导入，激发兴趣

（1）导入：小朋友们，还记得端午节时玩过的手指游戏吗？伸出你们的小手，我们一起来玩一玩吧！

五月五，是端午。赛龙舟，敲大鼓。吃粽子，戴香包。老老少少齐欢笑！

（2）端午节习俗是什么呢？（赛龙舟）

（二）观看PPT，了解赛龙舟的由来以及龙舟的特点

（1）赛龙舟不仅是中国端午节纪念屈原的习俗之一，还是中国的民间艺术活动。赛龙舟也称龙舟竞赛、爬龙船等。现在龙舟竞赛已发展为一项体育运动，在中国以及世界各地的一些沿海地区十分流行。

（2）龙舟和普通的船有什么不同呢？

龙舟是做成龙形或刻有龙纹的船只。龙舟由龙头、龙身、龙尾三部分构成。龙舟一般是狭长、细窄的，船头装饰上龙头，船身装饰上龙身，船尾装饰上龙尾。龙头的颜色有红、黄、绿等颜色，龙身上还有锣鼓、旗帜或龙鳞等装饰。龙尾多用木雕或装饰。

（三）设置情境，讨论制作方法，分小组制作龙舟

（1）龙舟制造厂的设计师听说我们大五班的小朋友非常厉害，想请我们设计一批样式新颖、图案美观的龙舟。可是，我们要怎么制作呢？

（2）教师小结：小朋友们说得很棒！要想制作龙舟，我们要制作好龙头、龙身、龙尾并进行装饰，最后再将它们组装起来。周老师给大家准备了一些材料，现在请小设计师们开动脑筋，分组比赛制作龙舟吧！

（四）"晒"龙舟，教师进行评价（略）

【活动延伸】

幼儿"赛龙舟"。

采莲船（大班）

松滋市杨林市镇中心幼儿园　周　容

【活动目标】

（1）体验民俗庆祝活动采莲船的快乐，培养幼儿的社会情感。

（2）了解采莲船神奇有趣的传说，发展幼儿的表演能力及合作能力。

（3）初步了解松滋当地的民俗民风，激发幼儿对民俗活动的兴趣。

【活动准备】

采莲船、竹篙、扇子、铜拍、鼓、视频。

【活动过程】

（一）儿歌《过大年》

（1）幼儿边念儿歌《过大年》，边随着节奏表演律动进入活动室。

（2）师："小朋友们，我们的传统节日——春节快到了，你们高兴吗？你们喜欢过春节吗？想一想你们是怎么过春节的呀？你们在过春节的时候都见过哪些热闹喜庆的活动？"

（二）了解松滋民俗活动——采莲船

（1）观看视频，初步了解松滋各种民俗特色的庆祝活动，介绍采莲船。

（2）出示采莲船道具，启发幼儿观察讨论采莲船的外形特点。

（3）欣赏《采莲船》神奇有趣的传说。

（4）讨论故事内容，联系实际说说你如何帮助他人，你被帮助后的心情。

（三）体验民俗活动的趣味性——表演《采莲船》

（1）根据采莲船的表现形式体验。

（2）师幼一起练习每个角色的表演动作及表演时的说唱词。

（3）师为幼儿进行简单化妆，师幼一起表演《采莲船》。

（四）经验拓展

你还知道哪些特色民俗庆祝活动。

（1）师：小朋友们，采莲船这个热闹喜庆的活动好玩吧！松滋民间庆祝活动还有很多好玩的呢，你还知道哪些呢？

（2）看图片。

教师小结：比如，刚刚看到的舞狮、舞龙、踩高跷等，还有五月初五划龙船、八月十五打月饼等，以后我们也来学着玩一玩。现在一起向客人老师拜个早年吧！

自然资源类

▶▶ 主题活动十：家乡的农作物

主题背景：松滋市有着丰富的自然资源，田野里的各类农作物都是我们农村幼儿园最为宝贵的教育资源。带领幼儿走进田野，亲近大自然。让幼儿在实践中通过观察、探索了解各类农作物的特点、生长规律及生长过程，从而得到多方面的发展。

可爱的蒜宝宝（小班）

松滋市八宝镇希望幼儿园　王 玲

【活动目标】

（1）幼儿乐意参加种植活动，体验种植的乐趣。

（2）幼儿通过观察认识大蒜，了解大蒜的外形特征。

（3）幼儿尝试用压的方法种植蒜头。

【活动准备】

大蒜若干、大型种植盒三个、废旧杯子若干、大蒜生长过程的视频。

【活动过程】

（一）谈话导入活动

今天我们班来了一个穿白色衣服的好朋友，请小朋友们猜猜它是谁呢？

（二）认识蒜宝宝的外形特征

看一看：它是什么形状？

摸一摸：它是什么感觉？

剥一剥：它里面到底是什么样子的呢？

闻一闻：它有什么气味呢？

小结：蒜宝宝的特点——有点圆圆的，摸起来硬硬的，外面有白白的蒜皮，剥开里面像橘子一样一瓣一瓣的。

（三）探究蒜宝宝的生长过程

（1）告诉你们一个秘密，蒜宝宝喜欢捉迷藏，当它躲到泥土里会发生怎样的事情呢？

（2）播放大蒜生长过程的视频。

小结：蒜瓣种到泥土里，蒜瓣会发芽、长出蒜苗，泥里的蒜瓣会长成大蒜头。

（四）幼儿种蒜宝宝，体验种植的快乐

师：小朋友们知道吗？蒜宝宝也是有小宝宝的，但是它必须到一个新家里

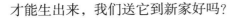

才能生出来，我们送它到新家好吗?

（1）示范把蒜瓣用"压"的方法种到土里。

师：蒜宝宝的小脚朝下，尖尖的头朝上，小手压一下，压到土里去。

（2）幼儿尝试种大蒜，给幼儿提供准备好的蒜瓣、装上土的种植盒，并进行种植指导。

师：请小朋友把蒜宝宝送到新家吧，别忘了给蒜宝宝喝一点水。

（五）结束

师：今天小朋友真能干，给蒜宝宝找到了新家，过几天我们再来看它们，看哪个小朋友的蒜宝宝最先发芽、长得最快，最重要的是你们一定要每天照顾它们哟!

溜豆豆（小班）

松滋市八宝镇永久点点幼儿园　杨　琼

【活动目标】

（1）幼儿乐于参加游戏，体验游戏带来的乐趣。

（2）幼儿尝试在豆豆上站稳、走动、滑行。

（3）探索在豆豆上保持身体平衡的方法，发展幼儿的平衡能力和协调能力。

【活动准备】

（1）场地布置：在地板上用插塑围成一个约20平方米的圆圈，将50千克黄豆均匀地铺在中间。

（2）物质准备：小动物箱、玩具桶、玩具盆等若干。

【活动过程】

（一）玩游戏《炒黄豆》

（1）师：请你们找一个好朋友，手拉手，我们一起玩"炒黄豆"。

（2）师生共同玩游戏《炒黄豆》，激发幼儿参与活动的兴趣（两个幼儿面对面、手拉手、左右摇动，同时念歌谣"炒黄豆，炒黄豆，炒得黄豆翻跟斗"，念完歌谣高举一侧手臂，转体360度）。

（二）用手摸豆豆

（1）师（指场地上的黄豆）：这是什么？你们想不想摸一摸？

幼儿站在场地四周，自由用手触摸黄豆。

（2）师：豆豆是什么颜色、什么形状的？小手摸上去是什么感觉？

引导幼儿了解黄豆的外形特征，让小手与黄豆接触，感受玩黄豆的快乐。

（三）用脚溜豆豆

（1）师：豆豆真好玩，你们的小脚想不想和豆豆玩？让我们爬进去和豆豆玩一玩。幼儿自由爬进黄豆圈内，在黄豆上尽情地玩。

（2）师：谁能在豆豆上站稳？幼儿尝试在黄豆上站起来，教师鼓励并帮助胆小的幼儿。

（3）师：小脚踩在豆豆上有什么感觉？让我们捧一把豆豆与好朋友比一比，看谁捧得多？通过比多少，引导幼儿在黄豆上走动，感受赤足与黄豆接触的感觉，按摩足底。

（4）师：怎样才能在豆豆上站得稳，还能走，不摔倒？引导幼儿自由探索保持身体平衡的动作及方法。

（四）穿鞋溜豆豆

师：你们的小鞋子也想和你们一起到豆豆上去玩。请大家穿好鞋子，再到豆豆上去玩一玩，感觉一下有什么不同？幼儿穿鞋游戏，与赤足玩进行比较，增加活动难度，让幼儿获得相关的生活经验，并鼓励平衡能力强的幼儿帮助平衡能力弱的幼儿。

（五）游戏《给小动物喂豆豆》

师：溜豆豆开心吗？小动物们也来看我们溜豆豆啦！我们送一些豆豆给它们吃，好吗？

幼儿自由选择工具（小桶、小碗、小盆），通过取豆豆、喂小动物吃豆豆（在黄豆上来回走动、滑行），进一步巩固、发展平衡能力。

土豆宝宝历险记（中班）

松滋市八宝镇希望幼儿园　黄利敏

【活动目标】

（1）乐于探索科学现象，体验与同伴交流、合作的乐趣。

（2）在实验中发现土豆块能在盐水中浮起来的现象。

（3）能用"↑、↓"符号记录结果，表示上浮与下沉。

【活动准备】

糖、盐、味精、土豆、贴有红黄绿线的一次性透明杯子、记录纸、铅笔、《土豆宝宝历险记》课件、视频一段。

【活动过程】

（一）故事导入，激发幼儿兴趣

1.教师讲述故事第一部分

提问并验证：猜猜土豆掉到水里会发生什么事情呢？说说理由。

2.教师讲述故事第二部分

讨论：你认为白哥哥可能是什么东西呢？

（二）幼儿操作，积极探索

操作一：三种不同材料操作

（1）介绍操作材料并交代规则。

（2）幼儿操作，教师巡回观察指导。

（3）交流：在操作中发现了什么？

（4）操作总结：糖水和味精水都不能使土豆块浮起来；只有盐水才能让土豆块浮起来。

操作二：不同盐量再次操作

（1）出示不同含盐量的两杯水进行实验提问：是不是土豆块放在盐水中就一定会浮起来呢？

（2）出示两份含盐量不同的盐水，幼儿做实验，观察并记录。

（3）交流结果。

（三）观看视频，拓展幼儿经验

（1）出示死海的图片并提问：土豆块能在盐水中浮起来，在含盐量多的盐水中人能浮起来吗？

（2）观看介绍死海的视频。

【活动延伸】

（1）如果不同大小的土豆块放在盐水中，又会出现什么现象呢？

（2）到底结果怎样，现在不告诉你们。你们自己去试一试就知道答案了！

青青小麦（大班）

松滋市八宝镇希望幼儿园　康琼瑶

【活动目标】

（1）使幼儿对小麦的生长过程及外形特征有探索的兴趣，乐意参与小组活动。

（2）使幼儿了解小麦的生长过程、外形特征及用途。

（3）幼儿能大胆地与同伴分享交流自己对小麦的认识及用途。

【活动准备】

小麦生长期图片、实物麦子一小捆、麦粒一盘、面粉一小袋、课件（面粉制成的食品等）。

【活动过程】

（一）认识小麦

（1）出示实物小麦，引导幼儿观察小麦的外形特征。初步了解小麦的组成部分：根、茎、叶、麦穗。知道小麦生长在地里。

（2）小结：小麦的茎俗称麦秸，空心、有节、光滑、麦叶狭长。茎的顶端长麦穗，麦穗有像针一样的麦芒，麦穗上的麦粒整齐地排列着，小麦未成熟时呈绿色，初夏成熟时是金黄色的。

（3）游戏《看谁答得快》，巩固对小麦的认识。

（二）出示挂图，结合提问帮助幼儿了解麦子的播种和收获季节

（1）播放课件，师引导幼儿观察了解小麦的生长过程。

（2）小结：秋天农民伯伯把小麦种子播种在地里，第二年春天麦子长得绿

油油的，到了夏初时，麦子抽穗开花、结果，麦粒由白变黄，由软变硬，说明麦子已成熟，农民伯伯要开始收割了。收割麦子时很辛苦，又热又累，腰酸背痛，我们应当尊重农民伯伯的劳动成果，爱惜粮食。

（三）了解小麦的用途

（1）师：农民伯伯这么辛苦地种出小麦，它们有什么用途呢？幼儿自由作答。

（2）老师播放课件，让幼儿进一步了解面粉是怎样加工的。

（3）小结：麦粒可以磨成面粉。面粉可以做成馒头、面条、饺子、蛋糕、饼干、面包等。

（四）游戏《麦爷爷找孩子》，巩固小麦的用途

（1）播放音频，创设情境：麦爷爷很着急，麦粒加工后，它的孩子变了样，不认识了，小朋友们认识麦爷爷的孩子吗？我们一起帮它找找吧！

（2）出示记录表，与幼儿一起商定记录办法。

（3）完成评价记录表。

（4）结束语：小朋友们真棒，帮助麦爷爷找到了它的孩子，我们快点去告诉它这个好消息吧！

【活动延伸】

（1）了解麦秆的用途。

（2）活动中，幼儿学习包饺子，并放到角色区卖饺子……

印象油菜花（大班）

松滋市八宝镇希望幼儿园　康琼英

【活动目标】

（1）激发幼儿热爱大自然的情感，培养幼儿乐于参与艺术创作活动的兴趣。

（2）引导幼儿观察油菜花的造型特点，并尝试用水粉画的形式表现油菜花的特征。

（3）发展幼儿的想象力、动手能力、创作能力。

【活动准备】

（1）经验准备：活动前带幼儿去油菜花田边散步，观察油菜花。

（2）物质准备：水粉颜料、水粉笔、画纸。

【活动过程】

（一）提问导入，引出主题

师：昨天我们去田野边散步时看到了一片片金黄色的花海，好看极了。有谁还记得那是什么花吗？

（二）观察油菜花的特征

师：现在我们一起来看看油菜花的图片，请你说一说油菜花是什么样子的。

（引导幼儿观察认识到油菜花的主要特点：花朵很小，成簇地开放在花茎的顶端部位，花茎的下面是朝不同方向长着的绿色叶片，有大有小等）

（三）引导幼儿学习用水粉画表现油菜花田的景象

师：今天我们尝试用水粉画的形式来表现成片开放的油菜花，我们可以怎样画呢？

（引导幼儿讨论得出画油菜花的方法：可以先画成片的花茎，再画成片的花朵、花叶；或者是一棵一棵地画油菜花）

（四）幼儿作画，教师巡回指导

（1）提醒幼儿蘸取不同颜色的颜料时，要注意换画笔，避免将不同的颜色混在一起。

（2）鼓励幼儿大胆勾画成片的油菜花，使画面更丰满，景物更壮观。

（五）作品展示

将幼儿的作品平铺在桌面上晾干的同时，请幼儿相互观赏，说说自己喜欢的作品。

▶▶主题活动十一：你好！二十四节气

主题背景：二十四节气是古代人在探索自然规律的过程中所得出的，其中包含很多方面知识，如天文学、农耕和物候等。在幼儿园教育中运用二十四节气，可以丰富幼儿园的教育资源，让幼儿更好地了解我国优秀传统文化，提高幼儿学习品质，感受传统文化精神的必然要求，进而促进每个幼儿的多元化发展。

暖暖谷雨茶（小班）

松滋市八宝镇永久点点幼儿园　段陈程

【活动目标】

（1）感受中国传统的茶文化。

（2）了解谷雨茶的来源，掌握茶的冲泡方法。

（3）初步尝试泡茶，知道泡茶要注意的水量和安全。

【活动准备】

茶具、不同茶叶品种。

【活动过程】

（一）了解谷雨茶的来源

（1）引导幼儿了解谷雨节气对于农事和民间习俗的重要意义。

（2）介绍中国的茶饮文化——二十四节气中的谷雨这一天，便是全民饮茶日，倡导茶为国饮，科学饮茶的生活态度。

（二）认识茶叶

（1）借助工具（如茶具）让幼儿初步理解茶文化。

（2）介绍茶叶材料名称。

教师对不同品种的茶叶进行介绍，使幼儿了解茶的分类及用途。让幼儿初步感受、体验中国的茶文化，激发民族自豪感。学会观察茶叶的不同特点，简单区分茶叶。

（三）学习泡茶的方法

（1）引导幼儿学习茶水的冲泡方法后，带领幼儿制作"谷雨茶"。

教师讲解泡茶的细节，如温度、时间、茶的投放量、茶器等。

（2）幼儿品尝谷雨茶。

【活动延伸】

幼儿亲手泡制谷雨茶与家人一起品尝。

立 夏

松滋市八宝镇永久点点幼儿园　杨　琼

【活动目标】

（1）知道立夏日是中国传统的节日，感受立夏日的喜悦。

（2）了解立夏日的习俗。

（3）理解儿歌内容，能大声朗诵儿歌。

【活动准备】

了解家乡的立夏节，各地立夏活动图片及食品图片，蚕豆荚、立夏蛋网及咸鸭蛋。

【活动过程】

（一）了解立夏的习俗

引出主题：小朋友们看看老师身上和平时有什么不一样，身上都挂了什么呀？引导幼儿说出身上挂蛋网、蚕豆荚。你们知道今天要过什么节日吗？引出立夏日，是指春天过去了，夏天来到了，立夏指夏季开始了，天气要热了。

（二）说说立夏习俗

小朋友们，你们知道立夏我们为什么要挂蛋网吗？

很久以前，相传从立夏这一天起，天气渐渐炎热起来，由于过去生活条件差，没有风扇，更没有空调，许多人特别是小孩子会有四肢无力的感觉，食欲减退，逐渐消瘦，称为"疰夏"。所以就有"立夏胸挂蛋，小孩不疰夏"的说法。因此，立夏节的习俗一直延续到现在。

（三）学习立夏儿歌

我们立夏是怎么过的，老师请我们的小朋友来说说。

吃咸鸭蛋、猪头肉、蚕豆、酒酿，图片一张张演示。（咸鸭蛋、猪头肉、蚕豆、酒酿）

老师把小朋友说的编成了一首儿歌《立夏》，你们想不想听？

《立夏》

立夏日，外婆家；猪头肉，咸鸭蛋；剥蚕豆，吃酒酿；

称一称，不怕轻；健健康康过夏天。

（四）游戏《碰蛋蛋》

一年一度的立夏节又到了，早上小朋友一个一个都拿来了鸡蛋和咸鸭蛋，有个小朋友还拿来了一个最大的鹅蛋，小朋友都羡慕极了，小朋友可能还是第一次看到这么大的蛋。我们现在来比比看，谁带来的蛋最厉害，碰不碎。

【活动延伸】

吃蛋。

小麦拓印画（中班）

松滋市八宝镇永久点点幼儿园 刘 莉

【活动目标】

（1）通过玩颜色，对色彩的变化感兴趣。

（2）借助小麦学习简单的拓印方法。

（3）大胆想象并独立完成小麦拓印画。

【活动准备】

准备红、黄、蓝三种颜料，每人准备调色盘一个，白纸、夹子、棉签、小麦一束等。

【活动过程】

（一）导入活动，引起兴趣

师：今天王老师请小朋友一起来当小小魔术师，好不好？

教师出示调色盘，引导幼儿认识一下颜色：你们看，老师的盘子里准备了一些颜料，这些颜料是什么颜色的呢？（红、黄、蓝）

（二）引导幼儿大胆地尝试变色游戏

（1）师示范并讲解：今天我们就要用红、黄、蓝三种颜色来变魔术，看看老师是怎么变的好吗？先拿一束小麦蘸点水再蘸上红色，把它放在盘子里，然后蘸点黄色，把红色和黄色搅和在一起变变变，你们看变出了什么颜色？（橘黄色）把变出来的颜色涂在白纸上。

（2）师再选择别的颜色用同样的方法进行变色1～2次。幼儿进行调色操作，教师观察并进行适当指导。鼓励幼儿大胆地进行变色。

（3）师：现在王老师要请小朋友来变魔术了，看看哪个小朋友变的颜色

最多，我们把变出来的颜色涂在铅画纸上，一会儿有大用处。（提出卫生要求）

（4）学习拓印的方法：看王老师手里有一张白纸，我们把它按在刚才画好的画上，用夹子夹住，然后轻轻地在上面压压，再轻轻地提起来，你们看印出了什么？

（三）添画

幼儿操作，鼓励幼儿大胆想象，添出与其他小朋友不一样的画。

（四）分享总结

分享活动的乐趣，积累经验。

（五）教师展现幼儿作品

让幼儿互相欣赏作品，教师及时鼓励、表扬一些作品富有创造力的幼儿。

夏至到（中班）

松滋市八宝镇永久点点幼儿园　肖国俊

【活动目标】

（1）通过观察、体验，使幼儿对周围的事物、现象感兴趣。

（2）喜欢听儿歌，理解大意，愿意跟读儿歌。

（3）通过学习儿歌《夏至来了》，培养幼儿良好的倾听习惯。

【活动准备】

小兔子和小熊头饰，冬天和夏天环境及人们穿衣的图片若干，儿歌图片。

【活动过程】

（一）情景表演

由两位教师演绎故事情景，幼儿欣赏。

（二）回顾故事，引出主题

（1）教师提问：刚才是谁和谁在说话？他们去干什么了？（引导幼儿知道夏至节的日期和习俗以及天气的变化）

（2）请幼儿观看图片，这些图片有什么不同，幼儿交流讨论……

（3）教师总结夏至特点（白天最长，黑夜最短；夏至要吃面；天气开始变热；夏至可以观莲花、放河灯）。

（三）学习儿歌《夏至到》，引导幼儿理解儿歌内容

儿歌内容如下：

知了知了叫，夏至夏至到。

大树撑绿伞，我戴凉草帽。

太阳老公公，看着眯眯笑。

（1）教师朗读儿歌，激发幼儿学习兴趣。

（2）教师出示图片，讲解儿歌含义，帮助幼儿理解儿歌内容。

（3）幼儿学习儿歌。

【活动延伸】

在区域活动中引导幼儿通过各种形式参与夏至游戏，体现夏至节气带给孩子们的乐趣。下面给出一个故事的示例。

快乐的夏至节

小熊："小伙伴，你等等我，今天的天气可真热，我都跑不动了。"

小兔子："哎呀，小熊你快点吧！去晚了，我们就赶不上了。"

小熊："不行了，我们休息一会儿吧！你还是告诉我，我们这是要干什么去呀？"

小兔子："今天我要带你去参加点点幼儿园的夏至节活动。"

小熊："夏至节？"

小兔子："对呀！今天是夏至节！小熊，你知道什么是夏至节吗？"

小熊："嗯——不知道，什么是夏至节啊？小兔子，你能给我讲讲吗？"

小兔子："好吧！夏至是二十四个节气中最早的一个节气，夏至这一天是6月21日，一年中它的白天最长、夜晚最短，在这一天，有个说法叫冬至饺子夏至面，就是告诉我们夏至这一天要吃面，而且进入夏至以后，天气就会变得特别炎热，所以我们要特别注意防暑哦。在夏至节的时候，我们还可以去公园观赏莲花和放荷花灯。今天点点幼儿园为我们准备了美味的面条，还有好看的荷花灯呢。"

小熊："哦，这下我明白了，原来夏至这一天会有这么多的变化，还可以做这么多有趣的事情，真是有意思。"

小兔子："小熊，那我们赶快走吧。"

春耕（大班）

松滋市八宝镇永久点点幼儿　徐　莎

【活动目标】

（1）乐于参与体育活动，能与同伴合作游戏。

（2）了解春耕的情景。

（3）能双手着地向前爬行5米，能相互协作进行游戏。

【活动准备】

幼儿会念童谣《春分》，把游戏场地布置成一垄垄农田，垫子若干，视频《春耕》。

【活动过程】

（一）童谣导入

3月21日是春分，到了春分忙备耕，马拉大车送大粪，果农剪枝忙浇水，家家户户无闲人。（引导幼儿感受春分时节）

（二）观看视频，了解春分时节农民春耕的情景

（1）集体观看视频《春耕》。

（2）提问：泥巴是怎样翻过来的？幼儿模仿从垄上侧翻过去再翻跟头回来的场景。

（3）农民伯伯是怎样耕田的？

两名幼儿合作，前面幼儿双手着地，后面幼儿双手抬起前面幼儿的腿，做耕田动作（自由练习）。

（4）游戏：春耕小能手。

规则：两名幼儿一组，分五组。当老师发出口令后，后面幼儿抬着前面幼儿的腿，前面幼儿双手着地往前走。到达目的地交换位置，返回。先到达终点的一组获胜。

（三）放松活动

全身放松，扭扭脖子、转转腰、捶捶腿、揉揉手。

"地里已春耕，等待清明时节我们来播种。"

嗒嗒声从哪里来的（大班）

松滋市八宝镇永久点点幼儿园　刘　莉

【活动目标】

（1）体验玩泥的快乐。

（2）了解用泥制作营养钵的过程及营养钵的用途。

（3）能大胆尝试用泥制作营养钵。

【活动准备】

《制作营养钵》的视频，已收拾整理平整的地，泥和水搅拌好的黏土，制钵器。

【活动过程】

（一）谈话导入

（1）提问：这两天爷爷奶奶们在家里忙什么了？

（2）"耕田""播西瓜种子""播棉花""还有那种一嗒一嗒的声音"。

（3）提问：一嗒一嗒的声音是在做什么呢？做出来就像一个杯子一样，用泥巴做的。

（二）了解嗒嗒声从哪里来

播放视频：《制作营养钵》。

小结：马上进入二十四个节气之谷雨，这个季节正是播种的季节，农民伯伯正忙着播种了。

（三）观看《制作营养钵》

（1）带领幼儿观看农民伯伯如何制作营养钵。

（2）小结：把泥土碾碎，洒适量的水，进行搅拌。把制钵器插进已搅拌好的黏土里，用脚用力蹬，营养钵就出来了。

（四）制作营养钵

幼儿动手制作营养钵。

（五）尝试在营养钵里播种

（1）引导幼儿在营养钵里播种子、盖土。

（2）小结：农民伯伯会在谷雨这个节气制作营养钵，并在营养钵里播种，等到种子发芽了，就要把这些营养钵移栽到土地里。

（3）结束活动。

收拾整理工具。

师：从明天开始，我们每天都来观察我们在营养钵里种的种子发芽的情况，并将其记录下来。

▶▶ 主题活动十二：亲亲树朋友

主题背景：各种各样的树木是我们生存的自然环境中的主要植物，幼儿并不陌生。在"亲亲树朋友"主题活动中，我们通过对树的认知（外形、树叶、树皮），树的作用（木材、制成纸张、生态作用），游戏（树枝、果实、树的观察记录），存在的问题（过度砍伐、土壤污染、水资源问题），对树的保护（植树、节约用纸、垃圾分类、节约用水）五个方面增加幼儿亲近树、认识树、爱上树的机会，让他们利用天生的好奇心和敏锐的观察力去发现树的方方面面。

树叶影子变形记（小班）

松滋市八宝镇群星幼儿园　韩娟娟

【活动目标】

（1）体验运用多种工具进行喷画的乐趣。

（2）在实践活动中，主动探索留下物体影子的方法。

（3）充分利用多种工具进行喷画，掌握喷壶、牙刷喷画的方法。

【活动准备】

（1）经验准备：知道有光时能看到物体的影子，而在无光条件下看不到物体的影子。

（2）物质准备：画纸、广告纸、各色颜料；喷壶、牙刷、梳子；洗衣刷；模具若干（小号雪花片、各种形状树叶、小动物模具等）；手指偶一只，投影仪。

【活动过程】

（一）引入部分：看一看

（1）以小兔的影子导入活动。

（2）师反复开关投影仪，引导幼儿回忆影子。

（二）探索部分：想一想

（1）师幼共同讨论留住影子的办法。

（2）引入各种模具和喷壶等留住影子（展示喷壶、模具、牙刷、树叶等）。

（三）操作部分：试一试

1.复习喷壶、模具的使用方法

（1）请一位幼儿示范，老师针对幼儿的完成情况进行小结评价。

（2）师示范讲解喷壶喷画的方法：单手握住喷壶瓶身，食指或大拇指位于喷壶顶部，喷嘴在绘图纸上方，对准需要着色的地方用力按压。喷好一个形象后，要耐心等待色水干后，双手轻轻抬起模具。喷壶与纸的距离远，喷画的效果会更好。

2.介绍牙刷喷画的方法

（1）师示范讲解牙刷喷画的方法：单手握住牙刷，食指位于刷毛处，牙刷刷毛在绘图纸上方对准要喷颜色的地方，食指用力扳动刷毛。牙刷与纸的距离不同，喷出的效果就不同。

（2）请个别幼儿示范。

（四）验证部分：做一做

（1）幼儿分组，自由选择工具和材料进行操作，师适时给予适当的帮助。

（2）幼儿完成着色，等待色水干的同时，教师组织幼儿集中探讨工具的拓展运用方法。

（3）引导幼儿自由选择、创意拼接模具喷画。

（五）拓展部分：模具制作

（1）出示广告纸示范模具的制作方法：纸张对折，两手的拇指和食指捏住整边，一点一点地撕出自己想要的图案。

（2）幼儿自制模具。

（3）结束部分：请幼儿带上自己制作的模具，回家和爸爸妈妈一起做一幅漂亮的喷画，把它们的影子留在纸上。

年轮的畅想（小班）

松滋市划子嘴幼儿园　姚 芃

【活动目标】

（1）在活动中体验与同伴一起游戏的乐趣，感受大自然的神奇。

（2）认识年轮，发现年轮与树的生长关系。

（3）用身体动作模仿表现年轮"由里向外逐层扩展"的生长特点，拓展思维想象，发展创造表现能力。

【活动准备】

场地布置成森林，"森林爷爷"头饰，树木的年轮PPT，圆木片若干，音乐《森林的歌声》。

【活动过程】

（一）走进森林

教师扮"森林爷爷"，带领幼儿随音乐进入森林去游玩。

（二）认识年轮

（1）师：森林里有好多的树木，刚才伐木工人砍走了一些木材，留下了一些木片，宝宝们去每人捡一块吧！

（2）幼儿摸一摸、看一看，引导幼儿发现圆木片上的小奥秘：有一圈一圈的花纹。

（3）播放PPT，认识年轮：树桩上的圈圈叫作年轮，代表大树的年龄。它每长一年就多一个圈圈，圈圈越多，就表示这棵树的年龄越大。

（4）再次观察木片，提问：小朋友找一找，木片上最小的圈圈在哪里？最大的圈圈在哪里？幼儿用小手指出来，引导幼儿发现年轮上的花纹是由小圈逐层向外扩展变成大圈的规律特点。

（5）提问：你在哪些地方见过这样的花纹？（拓展幼儿的思维，如蜗牛的壳、棒棒糖、水波纹等）

（三）幼儿游戏

（1）在感知年轮图案特点的基础上，引导幼儿用身体动作表现出年轮图案，如小手绕圈、身体旋转、扭扭屁股等。

（2）游戏《年轮圈圈乐》。

① 播放音乐，教师用沙锤提醒幼儿节奏，每一个8拍就走到一位小朋友面前请他表演。

② 游戏两遍，要求幼儿能表现不同的动作。

③ 师幼随音乐一起表演。

（四）结束

宝宝们，我们一起帮伐木工人把这些木片运到森林外，让叔叔给我们做成漂亮的家具、好玩的玩具吧！

木块旅行记（中班）

松滋市陈店镇中心幼儿园　邹小艳

【活动目标】

（1）乐意参加集体活动，感受体育活动的快乐。

（2）探索木块的多种玩法，知道木块形成的原因及用途。

（3）巩固幼儿投掷、身体的灵活性和协调能力，培养团结合作能力。

【活动准备】

音乐《快乐星球》，木块人手一块，星星若干。

【活动过程】

（一）听音乐进入活动室

小朋友，让我们乘坐"飞碟"去太空探险吧。（到了目的地）

师：小朋友，我们已经到太空了。刚刚我们是乘坐什么样的飞碟来到太空的呢？对，这个是一种拥有特异功能的木块"飞碟"，你们知道木块是怎么来的吗？它可以做什么用呢？

（二）探索木块的多种玩法

师：今天，我们在这个星球上，木块被赋予了神奇的力量，需要我们用它来完成今天的探险任务，你们愿意去完成吗？

（三）游戏《掷飞碟》

（1）介绍玩法及规则。

师：在这个星球上，有一些可恶的怪兽总是喜欢欺负外星人，需要我们去帮助外星人消灭这些可恶的家伙。你们瞧，它们就在前面，让我们一起用神奇木块"飞碟"消灭它们吧！

（2）幼儿游戏。

（四）游戏《过银河》

（1）师：最后，我们来到了怪兽的基地，这里有很多被它们摘走的星星，需要我们去把星星救出来。路上有一条长长的银河需要我们走过，你们想挑战吗？

师讲解游戏玩法及规则：幼儿分成两队，分别合作用飞碟搭桥才能救到银河对面的星星。看看哪一队搭得快，注意过桥的时候不能掉到河里，每次只能救回一颗星星，救到后原路返回，规定时间内救得星星多者获胜。

（2）幼儿游戏。

（3）评比奖励。

（五）活动结束，收拾整理

师：小朋友在太空探险玩得开心吗？下次我们再来太空探险吧。

巧量树儿粗与细（中班）

松滋市八宝镇群星幼儿园　张先婷

【活动目标】

（1）体验与同伴合作完成的成功和愉悦。

（2）探究测量树围的工具和方法。

（3）尝试使用测量工具，并能进行简单的记录和比较。

【活动准备】

（1）PPT、绳子、皮尺、尺子、钢皮卷尺、布条、记号笔、记录表等。

（2）在幼儿园内确定10棵待测量的树，并分别在树干上编上1～10的号码。

【活动过程】

（一）导入

播放医生给幼儿体检测量胸围、手臂的PPT，请幼儿说一说医生叔叔是怎样给幼儿进行体检的？用到了哪些工具呢？

（二）探索发现，学习使用测量工具

1.幼儿初步探索使用测量工具

（1）我们一起来玩《我是小医生》的游戏，老师为大家准备了一些测量工具，就放在小朋友的椅子底下，你们两人一组进行游戏测量手臂和身体。

（2）幼儿操作，完成记录表。

（3）幼儿介绍自己使用的测量工具及方法。

（4）教师小结幼儿探索结果。

2.教师引导幼儿使用正确的方法进行测量

（1）谁能告诉我你测量的身体有多粗呢？你是怎么测量的呢？

（2）教师引导幼儿掌握正确的测量方法。（请你拿着布条的一端绕身体一圈，布条接口的地方做个记号）

（3）幼儿第二次学习测量，尝试使用不一样的测量工具并完成记录表。

（4）教师小结幼儿测量结果。

3.引导幼儿用目测的方法观察树的外形特征，初步了解树干的粗细

（1）今天，老师请来了几位朋友，它们也想检查一下身体。你们看，它们是谁呀？

（2）它们有什么地方不同？（引导幼儿观察树干、树枝的粗细）

（3）有的树干很粗，有的很细，那么怎样才能知道树有多粗、多细呢？

（4）现在请你们来做树医生，给这些树检查身体。幼儿两人一组选择一棵树进行粗细的测量，并把结果记录在记录表上。

（5）幼儿说一说自己使用的测量工具及方法。

（6）教师小结幼儿探索结果。

4.引导幼儿用皮尺进行测量，并在记录表上做记录

（1）出示皮尺，引导幼儿观察皮尺上的刻度和数字，量的时候要从数字1开始量。

（2）幼儿学习使用皮尺的测量方法并把测量结果在表格上记录下来。

5. 结束

以游戏《大树小树》结束活动。

【活动延伸】

启发幼儿思考没有皮尺，只有钢卷尺或直尺时应该怎样测量？用绳子或者布条等替代物量，然后将替代物放在地上用尺量。

我为树木来保暖（大班）

松滋市杨林市镇中心幼儿园　伍法蓉

【活动目标】

（1）通过活动基本了解爱树护树的意义，激发幼儿保护、爱护树木的情感。

（2）了解树木冬天怕冷的特征，尝试用多种材料给树保暖，初步掌握护树的技能。

（3）乐意和同伴分工、合作，共同完成任务，培养幼儿的合作意识。

【活动准备】

（1）经验准备：幼儿观察养路队的爷爷奶奶给小树进行养护的工作。

（2）物质准备：（幼儿和家长一起收集）稻草席、各种绳子、蛇皮袋、麻袋、旧床单、塑料纸、石灰水、剪刀、记号笔、双面胶、透明胶、别针等。

【活动过程】

（一）交流讨论：给树朋友保暖的材料与方法

（1）冬天到了，天气一天天冷了，你们发现人们的身上有什么变化吗？

（2）我们穿上厚厚的衣服就不觉得冷了，可树朋友没有衣服穿会冷的，怎么办？（鼓励幼儿大胆想象各种给树朋友保暖的方法）

（3）出示幼儿和家长一起收集的各种保暖材料。

师：这些是什么？你们认识它们吗？它们能保暖吗？

幼儿和老师一起看看说说大家收集的材料。（进一步了解稻草席、石灰水的作用）

（二）分工合作：**学做小小护树员**

（1）三个好朋友一组，先商量一下，准备用哪些材料、什么方法来给小树保暖？（幼儿自由结伴，三人一组，体验给幼儿园的树朋友"穿衣服"）

（2）幼儿分组交流商量的结果。

（提醒用石灰水的一组幼儿使用前穿上工作服，戴上小手套，小心石灰水溅到衣服和皮肤上）

（3）幼儿分组操作，教师巡回观察，必要时给予适当的提示和指导。

——提醒用绳子绑树的一组幼儿从根部开始一圈圈绕上去，要收紧。

——引导用石灰水的一组幼儿寻找刷得又快又好的方法。

——鼓励用稻草裹的一组幼儿三个人分工合作，这样会绑得既牢固又快。

（三）交流分享：**树朋友不冷了**

（1）互相观看保暖好的树朋友，交流各组的操作方法，共同分享经验。

师：你们用了什么材料和方法替树朋友保暖？鼓励幼儿在介绍时要说明三个人是如何分工合作的。

（2）以后我们要经常来看看，要关心、保护树朋友。

【活动延伸】

设计树牌：今天，我们给树朋友穿上了衣服，它们说很暖和，谢谢小朋友们！但它们都不知道自己的名字呢，现在我们一起去为它们设计树牌，好让大家都知道它们的名字，好吗？

会跳舞的树（大班）

松滋市老城镇机关幼儿园　田晓敏

【活动目标】

（1）欣赏克里姆特作品《生命树》，感受不同曲线所带来的动感，探索运用不同曲线（螺旋线、波浪线等）表现舞动的树枝。

（2）在欣赏的基础上，积累舞动的树的姿态表象，并尝试用自己的肢体表现特征。

（3）敢于表达自己的想法，有计划地进行创作。

【活动准备】

（1）幼儿观察过树，有画简单树的造型的经验；欣赏过各种线条，表达过每种线条所带来的不同感觉。

（2）克里姆特的作品《生命树》，黑色卡纸，水粉笔，水粉颜料（黄色、橙色、金色）。

【活动过程】

（1）教师出示树的图片，调动幼儿已有经验。

师：我们周围有很多的树，你看到的树干、树枝分别是什么样的？

（2）出示克里姆特的作品《生命树》，进行比较观察。

① 通过欣赏作品，引导幼儿两两交流并表达自己的感受。

师：你看到这棵树有什么样的感觉？它的特别之处体现在哪里？螺旋的树枝会让你想到什么？你觉得这棵树像在干什么？

② 幼儿表达并尝试用身体动作表现树枝。

师：原来，这些扭动的曲线会给人带来跳舞、运动的感觉。

引导幼儿欣赏观察，尝试用身体动作表现树枝，感受不同的曲线美。

③ 教师介绍画家的创作背景。

（3）教师启发幼儿思考并尝试表达自己的创作设想，并尝试创作。

① 通过教师启发式的问题，幼儿思考自己的创作设想。

师：你觉得还有哪些线条也能给你带来运动的感觉呢？如果让你来画跳舞的树，你想让你的树跳什么样的舞蹈？用什么线条来表现舞动的树枝呢？

② 幼儿创作，教师指导。

引导幼儿敢于表达自己的想法，有计划地进行创作。在幼儿学会运用多种曲线表现舞动树枝的基础上，教师可以引导幼儿重点欣赏舞动时树干弯曲的动态，并尝试用多种曲线表现树枝。

（4）幼儿欣赏作品，感受曲线表现的树枝所产生的舞动的感觉。

师：你是用什么线条表现树枝的？哪棵树最像在跳舞？

在班级布置一个以"树林"为背景的展示板，幼儿用曲线添画树枝。

主题活动十三：竹趣

主题背景：竹是自然界的一种植物，但它却与人们的生活息息相关，各种各样的竹竿、竹担、竹筐、竹席等给人们的生活带来了方便。竹笛、竹制品、竹玩具等给我们的生活带来了乐趣。就连诗人、画家也把竹作为他们常常赞颂的对象。可见竹的情结无所不在。当孩子们从观察竹子到寻找生活中竹的用途的时候，他们睁大了双眼，眼神充满了好奇。因此，我们决定与幼儿一起探访我们身边既熟悉又陌生的朋友——竹。

竹子谣（小班）

松滋市机关幼儿园　沈　青

【活动目标】

（1）乐意与同伴合作，体会竹板表演的快乐。

（2）在教师的引导下，学习理解儿歌，学会用语言和肢体动作表现竹子的生长过程。

（3）在看看、想想、说说中了解竹子的多种用途。

【活动准备】

（1）经验准备：认识竹笋和竹子，知道竹制品的一些用途。

（2）物质准备：竹子谣PPT、竹笋、竹竿、竹筒。

【活动过程】

（一）幼儿猜测，引出竹笋

究竟是谁会从泥土里钻出来呢？让我们一起把它喊出来吧，"小精灵，快出来吧！"（播放PPT3）哇，是谁出来了？（播放PPT4）

（二）观察

观察图片，理解诗歌。

（三）出示竹板，让幼儿用竹板给儿歌打节奏

师：小朋友们，你们表演得可真棒！竹子有很多的用处，今天沈老师给你

77

们带来了一个好玩的东西。

师：出示竹板，小朋友看，这是什么呢？这个竹板怎么玩呢？敲敲看，发出好听的声音，让我们一起敲竹板给儿歌打节奏好吗？

【结束活动】

师：宝宝们，其实关于竹子的用途在我们日常生活中还有很多，一会儿老师和你们一起去找找，然后把找到的东西编成新的儿歌。

竹子谣

春天到，春雨飘，竹笋尖尖露出角。

春风吹，竹子摇，一节一节长得高。

骑竹马，踩高跷，它的用处真不少。

竹乐飘飘（中班）

松滋市街河市镇霞光幼儿园　高冬梅

【活动目标】

（1）幼儿喜欢竹乐器，体验用竹乐器演奏的快乐。

（2）在看看、说说、玩玩中认识各种竹乐器，并探索竹乐器的不同演奏方法。

（3）幼儿尝试自由组建乐队，并能用竹乐器给乐曲伴奏。

【活动准备】

（1）竹乐器：双响筒、竹筒、快板；竹子一家：竹筒、竹片、竹枝、竹叶。

（2）乐器标记、节奏谱、音乐《木瓜恰恰恰》。

【活动过程】

（一）熟悉竹子构成

（1）带幼儿参观竹林，观察竹子的构成。

让我们和竹子来一次亲密接触吧，去看看竹子身上藏了哪些秘密呢？瞧瞧它是由哪些部分构成的？

（2）说说竹子能做成哪些有用的东西。

你们知道谁最喜欢吃竹子吗？它除了是熊猫的食物以外，还可以做什么

呢？小朋友们知道吗？（幼儿自由发言）

课件展示竹子的作用。

（3）小结：竹子不但能做成各种生活用品，还能做成竹玩具，更能做成竹乐器。

（二）幼儿认识竹乐器并探索竹乐器的演奏方法

（1）幼儿去看看、说说、玩玩各种竹乐器。

（2）提问：你玩的是什么竹乐器？你是怎样玩的？它发出了什么好听的声音？

（3）教师介绍双响筒、竹筒、快板的名称及演奏方法。

（三）出示图谱，感知节奏

（1）竹乐器发出的声音可真好听，水果娃娃听了也忍不住想跳舞了呢！

（2）根据图谱感知练习三种水果娃娃代表的不同的三种节奏类型。

（3）看图谱听音乐并完整拍出节奏。

（四）组建乐队，演奏音乐

（1）出示乐器标记，组建乐队。

（2）分乐队听音乐做徒手练习。

（3）分乐队用竹乐器完整演奏音乐。

（4）交换乐器再次演奏。

【活动延伸】

（1）除了双响筒、竹筒、快板这些竹乐器外，生活中还有哪些竹乐器？

（2）鼓励幼儿和大人一起收集寻找。

舞动的竹竿（大班）

松滋市机关幼儿园　谢婵娟

【活动目标】

（1）体验跳竹竿舞的乐趣，在跳竹竿舞中培养认真观察、团结协作、勇于挑战的良好品质。

（2）能随着音乐节奏敲竹竿，并合作创编竹竿舞。

（3）了解竹竿舞的来历。

【活动准备】

（1）经验准备：幼儿有过跳皮筋的经验。

（2）物质准备：竹竿（细竹8根、粗竹8根，各长2米）、《瑶族竹竿舞》音乐、四张纸和笔、轻音乐。

【活动过程】

（一）情景导入，激发兴趣

设置三月三歌圩节情境，激发幼儿兴趣。

师：今天来了四位壮族的小朋友，来带我们一起去参观一下壮族的三月三歌圩节！咦，她们在做什么？（跳竹竿舞）

（二）熟悉节奏，初次尝试

（1）师幼交流，总结经验。

师：请你们仔细观察，看一看打竹竿的人，还有跳竹竿的人，他们的动作分别是什么，谁能模仿一下呢？（敲竹竿动作一致，竹竿打开跳进去，竹竿合拢跳出来）

（2）讲述竹竿舞的来历。

关于竹竿舞还有一个好听的故事呢！从前，壮族祖先居住的地方怪兽经常出现，抢走粮食，伤害人们。怎么办？人们想了很多办法赶走怪兽，他们发现怪兽都很害怕一种脚步声——"咚咚，哒哒"，他们还发现敲竹竿也能吓走怪兽。于是，他们用怪兽害怕的竹竿敲打的声音和跳过竹竿的声音吓跑了怪兽。为了庆祝胜利，人们跳起了竹竿舞。于是竹竿舞流传了下来，丰收了、胜利了、过年了、过节了、高兴了，人们都跳起竹竿舞。

（3）引导幼儿有节奏地打竹竿。

师：竹竿舞可真有趣，现在我们也来试一试，注意小耳朵仔细听音乐哟！

（三）自我探索，合作创编

分组设计竹竿舞舞步。

①尝试设计图谱，了解图谱的制作方法。

②幼儿尝试分组合作设计。

③根据合作设计的舞步上竿练习。

（四）分享交流，集体表演

（1）分组展示。

（2）提高难度，感受其他小组的竹竿舞。

（3）集体表演竹竿舞。

（4）跟着音乐做身体的拉伸及放松。

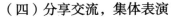 **主题活动十四：泥巴部落**

主题背景：松滋市有许多可利用的乡土资源，其中玩泥巴是儿童兴趣最高、互动最佳、发展最好的一项，我们用一堆堆普通的泥巴为孩子们打开了想象和创造之门，引领他们进入一个探索求知的世界，孩子们尽情地释放着自己的天性，泥巴被孩子们玩活了。孩子们接受、迎接一个个挑战，尝试初步与同伴交往、合作，通过和泥、揉泥等让孩子们感知泥与水的比例，通过垒墙、盘泥条等发展孩子们的建构能力，通过艺术塑性引领孩子们感受美、表现美、创造美，进一步拓展他们的学习空间，使孩子们在受到情感陶冶的同时，增强对社会和自然的感知与了解。

泥巴部落（小班）

松滋市划子嘴幼儿园　易　婷

【活动目标】

（1）欣赏精美泥工艺品，感受艺术魅力。

（2）积极动手制作泥工艺术，学习团、压、捏的玩泥方法，感受泥巴的可塑性。

（3）培养幼儿对泥文化的热爱。

【活动准备】

（1）场景布置：民间艺术展览馆。

（2）泥巴、展架、黑盘、小扣子、毛绒长条、雪糕棒、羽毛等操作材料。

【活动过程】

（一）逛艺术展览，引出泥塑，讨论泥巴的特性

（1）小朋友们，今天易老师带你们去一个特别的地方——民间艺术展览馆。

（2）到达泥巴部落，幼儿讨论，这是用什么做的？（泥巴）原来泥巴可以做出这么漂亮的东西。

（3）请小朋友分别用手摸一摸干泥巴和湿泥巴带来什么不同的感觉。

（4）教师小结：湿泥巴有可塑性，可以被小手揉捏成不同的形状。

（二）情景表演，初步探索捏泥巴技能

（1）一位教师扮演泥巴部落工作人员：小朋友好呀！泥巴部落下个月要举行泥工展，但是我们的作品不是很多，想请小朋友帮忙完成一个泥艺品，你们愿意吗？

（2）我们一起来看看都有哪些材料呢？有纽扣、雪糕棒、羽毛和毛绒长条，我们一起来做吧，先把泥巴在盘子里捏一捏、揉一揉，再轻轻地按一按，还可以选择自己喜欢的材料。

（三）幼儿自由操作

（略）

（四）作品欣赏并评价

（略）

巧手塑园景

松滋市划子嘴幼儿园　李淑婷

【活动目标】

（1）激发幼儿对陶艺活动的兴趣，感受泥巴的变化，并引导幼儿喜欢玩泥巴。

（2）用陶艺手捏或者堆雕的手法，尝试表达假山的特点。

（3）学会场景塑造，装饰假山，丰富作品。

【活动准备】

（1）经验准备：幼儿已有爬山的经历。

（2）物质准备：瓷泥、围裙、袖套、彩石、树枝、树叶、各种形状的山的

图片。

【活动过程】

（一）导入

（1）出示山的图片，引导幼儿观察山的样子。

（2）出示假山的图片，讲解假山的由来和作用。

（二）了解假山制作方法

观看制作微课，初步了解假山制作方法。

（三）教师引导

教师引导观察制作步骤图，启发幼儿进一步发现制作方法。

（1）取泥巴压扁，作为假山的底座（底座要稍微大一点，这样才能放下我们的假山）。

（2）搓泥条，将底板围起来（围的时候要沿着边缘）。

（3）取适量泥巴，捏出假山的形状。

（4）同上，假山可以重复叠加（可用彩石、树枝、树叶进行装饰）。

（四）巧手塑园景

教师巡回指导，提醒幼儿制作步骤，及时鼓励和帮助能力弱的幼儿。

（五）展示欣赏，总结评价

教师引导幼儿将完成的作品放到指定位置，组织幼儿相互欣赏评价。

泥巴开"花"（大班）

松滋市划子嘴幼儿园　杜婷婷

【活动目标】

（1）体验玩泥巴的快乐，产生玩泥巴的兴趣。

（2）在与泥巴的接触、探索过程中，了解、感受泥巴的基本特性。

（3）掌握和泥的技巧。

（4）重点：了解、感受泥巴的基本特性。

（5）难点：感受加水量与泥巴的变化，知道太稀要加泥巴。

【活动准备】

一人一只盒子、盛水的桶，一次性杯子，围裙、鞋套人手各一份，音乐。

【活动过程】

（一）快乐接触——亲亲泥巴

（1）在优美轻松的音乐声中，激发幼儿玩泥巴的兴趣。

师："美好的一天来到了，太阳升得老高老高了，亲亲泥巴场的小泥巴们还在睡懒觉呢，我们一起来叫醒它们吧！"

师生一起叫醒泥巴："小泥巴、小泥巴，快醒醒！"

（音乐响起）跟着音乐扭动身体："泥宝宝醒来了，它邀请我们和它们一起玩呢。小朋友们愿意去看看它们、亲亲它们、摸摸它们吗？说说，泥宝宝是什么样的？""泥土拿在手中是什么感觉？揉揉、捏捏有变化吗？"

（2）感知干泥巴的特征。

在自由玩耍中，通过看、揉、捏，说出自己的感觉。

引导幼儿用手摸一摸，抓把泥巴吹一吹，用脚在泥里踩一踩，比较其不同点，并感知干泥巴的颜色。

（3）共同小结：泥土细、小，摸上去有点粗糙，容易碎，闻上去有种淡淡的香味。干泥巴干而细小，容易分散；湿泥巴柔而软，有弹性，会变形。

（4）装泥巴：小泥巴们很喜欢小朋友们，它们想藏在小朋友们的盒子里，我们来帮帮它们吧。鼓励幼儿用手抓泥巴，装进盒子里，并能大胆地互相交流。

（二）快乐探索——泥巴喝水（了解含水量与泥土之间的关系）

（1）师："不好了，小泥巴告诉我，它口渴了，我们给它点水喝喝吧。不过，小泥巴喝水可讲究了，不要喝太多水，只要喝的水使它的身体变软就好了，要不然它可要不高兴了。另外，它还喜欢喝好水后小朋友揉揉它，用你们的小手给它按摩按摩，你们能做到吗？"

（2）幼儿开始给泥土喝水，并请幼儿相互讨论："怎么给小泥巴喝水？"

"往土里面加水，然后用力搅拌，将泥和水搅拌均匀。"

（3）幼儿操作，说说自己的操作结果。

结果一：有的水多了，和出来的泥太稀了。

结果二：有的水太少，和不成团。

（4）讨论：怎样让泥宝宝喝的水正好呢？

（5）小结：①在稀泥中一点一点加入土；②把稀泥中的水倒掉一些，再加入土；③在干泥中一点一点加入水。

（三）快乐体验——泥巴开"花"

（1）小泥巴好开心啊，为了感谢小朋友们的帮忙，它们想给大家露一手绝活——泥巴开"花"。这可是件新鲜事，猜猜看，怎么让这些湿泥巴开花呢？

（2）幼儿互相讨论，把泥巴捏成一个小碗的形状，碗沿厚，碗底薄。然后将泥碗摔到地上，泥碗会发出清脆的"啪"声，比一比谁的泥巴开出的花最大。谁就赢得比赛，就会获得对方选手的泥巴。

（3）将幼儿分成两组，玩泥巴开"花"的游戏。

提出要求：注意卫生，比比谁的泥巴开的花大。

（4）互相合作。

（5）欣赏作品，互相评价，想象作品像什么。

【结束活动】

"今天小泥巴和大家玩得真开心，不过现在大家都有点累了，想休息了，我们一起把小泥巴送回家让它好好休息吧。我们和小泥巴说再见。"把多余的泥土倒入泥巴场，并收拾整理。

》》主题活动十五：石头记

主题背景：我们家乡地处长江江畔，沙石资源丰富，石头收集起来容易，特征明显，易于培养幼儿的观察能力，激发他们的兴趣和好奇心。我们深挖以石头为主题的教育价值，开展了一系列的主题活动，在认识石头、观察石头、玩石头的过程中，增加对石头的了解，发现毫不起眼的石头竟然是我们玩耍、学习的"宝贝"。这样的理念在孩子们心中萌生之后，他们会更留意周围的一切，更主动地去探索、发现那些不起眼的但又有意义、有价值的事物。

石游记（小班）

松滋市划子嘴幼儿园　余巧玲

【活动目标】

（1）体验滚画活动带来的乐趣。

（2）了解玩色，知道混色后的效果。

（3）能积极参与活动，学习滚画的方法。

【活动准备】

（1）颜料、操作盒、抹布、桌布等若干。

（2）石头人手若干、铅画纸人手一张、包装盒人手一只、饭兜每人一件。

【活动过程】

（一）石头朋友来做客

（1）今天，老师给你们请来了两位朋友，你们想认识它们吗？

（教师出示石头）"你们好，我是蛋蛋。你们好，我是豆豆。"

（2）你们知道吗？它们可是两个旅行家哦。我们来一起听听它们旅行的故事吧。

（二）石头旅行真奇妙——故事贯穿，感受滚画的奇妙

（1）第一次讲述故事。

有一天，蛋蛋想把自己打扮得漂亮一点，想穿一件红色的衣服。于是，它来到了红颜料的家。蛋蛋用身体在红颜料里轻轻打了个滚儿，红衣服就穿好了。蛋蛋穿上漂亮的衣服来到了路上（盒子），开始了它的旅行，蛋蛋高兴地唱起了歌：前滚滚，后滚滚，左滚滚，右滚滚，这里滚滚，那里滚滚……

蛋蛋来到了公园里，看见了小鸟、小花和小草。最后，蛋蛋玩累了，就回家休息了。

小朋友们看一看，蛋蛋去旅行的地方美不美呀？

（2）第二次讲述故事。

听完了蛋蛋旅行的小故事，现在我们再来听听豆豆旅行的小故事吧。

豆豆想穿一件绿颜色的衣服，于是就来到了绿颜料的家。豆豆用身体在绿颜料里轻轻一滚，绿衣服就穿好了。豆豆穿上漂亮的绿衣服后，乘上汽车（盒子），在汽车里也高兴地唱起了歌：前滚滚，后滚滚，左滚滚，右滚滚，这里滚滚，那里滚滚……

豆豆乘着车来到了动物园，看到了大象，看到了猴子，看到了孔雀，还看到了大老虎呢。

慢慢地，天黑了，豆豆就乘着汽车回家了。瞧一瞧，豆豆去旅行的地方好玩吗？

（3）老师想考考你们，你们知道豆豆应该回哪个家吗？（绿颜料的家）

我把它送到红颜料的家对不对呀，为什么呢？（引导幼儿说出穿的是什么颜色的衣服，就要回到什么颜色的家里）那我就把豆豆送回绿颜料的家里去，好不好？

（三）石头滚画乐趣多——幼儿体验石头滚画

听了蛋蛋和豆豆旅行得这么开心，许多小石头宝宝也想去旅行了。那你们愿意带它们去吗？那在旅行之前，有三个小小的要求要说给你们听。

（1）在给小石头穿衣服时，在颜料里滚一下让身上都穿上漂亮的衣服，才能来到盒子里哟！而且，穿衣服的时候要注意不能将颜料洒出来或将手上弄得全是颜料，如果手上沾到颜料，要用抹布擦干净。

（2）在旅行时，小石头可不能滚到盒子外面哟。

（3）小石头回家时要注意穿什么颜色的衣服，就要回到什么颜色的家哟。

（幼儿进行石头滚画，教师进行个别指导，提醒幼儿作画时保持桌面干净）

（四）石头滚画真奇妙——滚出奇妙五彩画

（1）小朋友们，这么开心又有趣的旅行，还有好多石头宝宝没去过呢，你们愿意再带其他的石头宝宝去吗？

（2）除了刚才我们儿歌里面的滚法，我们的石头还可以怎么滚动呢？

你们看，独自旅行的石头宝宝多孤单啊，我们来帮它找个小伙伴，让它们一起去旅行吧！

（五）石头旅行风景多——分享、展示作品

（1）我们的旅行快要结束了，我想你们去过的地方一定很有趣。那带石头宝宝旅行完的小朋友，可以把你旅行的路线跟客人老师分享一下。

（2）分享的时候可以和我们的客人老师说说你用的什么颜色，滚出了什么形状，你带石头宝宝都到过哪里旅行，好吗？

【活动延伸】

和客人老师分享完的小朋友，让我们一起去把你的旅游路线图布置在活动室外，分享给更多的小朋友吧！

小小石头艺术家（小班）

松滋市划子嘴幼儿园 姚 芃

【活动目标】

（1）乐意用自己喜欢的方法造型石头，体验动手的乐趣，从中获得自信心与成功感。

（2）培养幼儿的语言表达能力，学习与同伴协调地开展活动。

（3）尝试用各种材料大胆地进行艺术表现。

【活动准备】

和幼儿一起收集石头及石头制品；美工工具（颜料、一次台布、棉签、水彩笔、彩色纸、胶水、画有图案轮廓的大纸、彩泥等）；布置熊、松鼠、小狗、公鸡、小兔作品展区。

【活动过程】

（一）导入活动

我们的活动室里来了几位动物艺术家，它们知道我们在收集石头，所以带来了和石头有关的礼物，小朋友想不想去看看？看时想一想是什么？猜猜是怎么变的？

（二）引导幼儿观察并讲述

（1）幼儿分散观察石头，教师引导幼儿观察石头变成了什么，想想用了什么办法。

（2）你看到的石头变成了什么？用到了哪些材料？（鼓励幼儿大胆地把观察到的用语言表达出来）如小熊用橡皮泥把石头变成了小鱼，松鼠用石头拼出了小屋。

（3）教师根据幼儿讲述演示或请小朋友演示，如幼儿没提到的，教师可以提出问题：这是怎么做的？

（三）探索石头变身的方法

（1）动物艺术家的本领可真大，你们想不想跟小动物学本领，做个小小石头艺术家呀？

（2）你想跟哪个小动物学什么本领？告诉旁边的小朋友。

（3）讨论：怎样把石头变成××呢？

（四）尝试体验

（1）幼儿自由选择喜欢的材料，提醒小朋友相互协商。

（2）教师进行指导，提醒幼儿可以结合石头已有的外形想象并粘贴（看看石头的形状像什么），鼓励幼儿尝试一种以上的方法创作。

（五）展示评价

（1）展示幼儿的作品，请幼儿自由参观同伴的作品，并共同分享创作的快乐。

（2）说说自己的作品：你跟谁学了什么本领？把石头变成了什么？

石头的联想（中班）

松滋市机关幼儿园　沈　青

【活动目标】

（1）热爱大自然，喜欢探索，感知石头花纹独特的线条特点。

（2）学习运用各种材料来呈现石头的花纹。

（3）能通过仔细观察表达石头花纹独特的线条特点并进行创作。

【活动准备】

（1）经验准备：幼儿接触过线条画，认识各种基本线条。

（2）物质准备：各种各样花纹的石头，油画棒，玻璃瓶，颜料，A4纸，刮画纸，牙签，藏宝盒一个，PPT课件。

【活动过程】

（一）摸摸藏宝盒

（1）出示藏宝盒，引发兴趣：我有一个藏宝盒，请小朋友上来摸一摸，猜猜是什么？

（2）教师拿出石头，验证幼儿的猜想。

（二）漂亮的石头

（1）这些是什么石头？你见过吗？在哪里见过？

小结：这是玛瑙石，在小河边、山脚下、公园里，还有大自然的许多地方都有可能发现这些漂亮的石头哦。

（2）找找这些石头特别的地方（引导幼儿重点观察石头的花纹）。

师：为什么喜欢它？（颜色、外形、花纹等）

（3）请小朋友把小椅子下面的玛瑙石拿出来，仔细观察一下，玛瑙石上的线条宝宝都组成了哪些美丽的花纹？你看到的花纹是什么颜色的？你觉得这些花纹像什么？

小朋友，我们一起来欣赏大图上的玛瑙石，你知道石头上的这些花纹是怎样形成的吗？

（三）石头花纹的形成

了解石头花纹的形成：石头上形成各种纹理与石头自身的物质组成和后天的外力侵蚀风化有关。每个玛瑙石都有不一样的花纹。

（1）幼儿自由创作，教师给予指导。

（2）如果让你来画这些美丽的花纹，你想怎样画？想画成什么样子的？

（3）介绍各种材料，小朋友分组进行创作。

（四）作品展览及评讲

（1）幼儿把作品拿到展示台上进行展示。

（2）你喜欢哪一个作品？为什么？你满意你的作品吗？对哪个地方最满意？

【活动延伸】

我们除了用这些方法来表现石头的花纹外，还可以用些什么材料？下次我们再用不同的材料试试看吧！

好玩的石头打击乐（中班）

松滋市机关幼儿园　冉 曼

【活动目标】

（1）通过收集各种石头及辅助材料，用不同方法进行演奏，体验石头发出的美妙声音。

（2）通过认识节奏卡，运用石头进行打击乐，培养幼儿对节奏的兴趣。

（3）选择自制的石头乐器为音乐伴奏，培养幼儿的合作意识。

【活动准备】

不同种类、不同大小的石头，易拉罐、空塑料瓶，与音乐匹配的节奏卡三张。

【活动过程】

（一）伴随《小红帽》的音乐有节奏地进场

（1）我们的桌子上摆满了各种各样的石头，有大石头、小石头，还有像糖果一样的石头。

（2）你们玩过石头吗？你们是怎么玩的呢？石头还可以做什么用呢？

（3）今天，我们就要用这些石头和废旧物品做成有趣的乐器，那你们知道什么叫乐器吗？乐器就是能发出美妙声音的物体，它是帮助我们打节奏和伴奏用的，想尝试吗？

（4）幼儿自由探索石头乐器。

（二）幼儿探索美妙的声音

师：我把小朋友们收集的石头分成了三组，看看谁最厉害，能让石头发出美妙的声音。

（1）第一组：小朋友们自由探索，需要两块石头的碰撞才能发出美妙的声音。

（2）第二组：小朋友们自由探索，老师引导，有了第一次的经验，小朋友们很快就知道了用易拉罐进行敲击，就能让石头发出美妙的声音。

（3）第三组：小朋友们自由探索，发现之前的办法都不能用，在老师的引导下，原来要把石头装进瓶中进行摇晃，才能让它发出美妙的声音。

（4）教师总结：小朋友们刚刚体验了运用不同方法让石头发出的美妙声音，老师观察了一下，发现小朋友们运用了三种演奏：一种是碰，另一种是敲，还有一种是摇。

（三）跟随图谱打节奏

（1）出示图谱：小朋友们刚刚已经找到了如何让石头发出声音，那想不想让它发出的声音更好听，更有节奏呢？看，冉老师已经给你们准备好了节奏卡，练习2/4拍的节奏，我们一起来玩玩吧！

（2）分别出示三张不同形式的2/4拍的节奏卡。幼儿先空手练习，然后拿乐器跟着图谱拍节奏。

（3）比较哪种声音更好听、更美妙。

（四）集体打击乐表演，活动结束

（1）空手练习一遍，给歌曲伴奏。

（2）观看交响乐演奏视频：看看视频中的叔叔们是怎么伴奏的？

（3）我们也来试着演奏吧，请幼儿自由选择一种乐器，拿到座位上来跟随音乐演奏。

（4）幼儿交换乐器进行演奏，教师进行评价小结。

我给石头化化妆（大班）

松滋市划子嘴幼儿园　李 丹

【活动目标】

（1）通过给石头装饰打扮，体验分工合作的乐趣。

（2）培养幼儿认真细致的工作态度及动手操作能力。

（3）尝试用泥塑、粘贴、彩绘等手段在石头上装饰，发展幼儿的创造力和培养幼儿的美感。

【活动准备】

（1）PPT课件——各种各样的石头。

（2）各种形状各异的石头。

（3）广告颜料、油画棒、棉签、剪刀、线、色纸、自粘纸等。

【活动过程】

（一）谈话引入，激发兴趣

师：小朋友，看这是什么？

石头娃娃今天晚上要举行生日宴会，小朋友来当小小化妆师，帮石头娃娃打扮打扮，好吗？

（二）引导讨论，启发想象

师：小朋友，你想怎么打扮石头娃娃？你想用什么来装扮石头娃娃？想把它装扮成什么？

幼儿讨论交流自己的想象。

（三）认识材料，提出要求

（1）出示准备好的材料，引导幼儿观察。

师：小朋友，看看桌子上有什么？它可以用来做什么？你准备用哪些材料？

（2）要求：

① 等会儿小朋友先想好，到哪个组，和哪些小朋友一起打扮石头娃娃。

② 先观察石头的形状、颜色、像什么，可以用来做什么，然后进行装扮。

③ 安静操作，注意安全。

（四）幼儿操作，观察指导

教师重点观察幼儿如何选择同伴，并适当引导幼儿进行合作。

重点指导石子连环画组的幼儿，启发引导幼儿进行讲述。

（五）集中交流，体验成功

师：你刚才做了什么？是自己独立完成的，还是跟同伴一起完成的？你把石头娃娃装扮成了什么？在装扮石头娃娃时你遇到了什么困难？怎么解决的？

（1）幼儿自我评价，介绍自己的作品。

（2）幼儿相互评价，夸夸同伴好在哪儿？

（3）教师对幼儿合作及操作情况进行评价。

（六）介绍作品，分享快乐

鼓励幼儿相互交流，介绍自己的作品。

砖石上的雕刻（大班）

松滋市机关幼儿园　　佘华荣

【活动目的】

（1）初步了解浮雕的特点及制作方法，知道雕刻的分类。

（2）能用自己的语言描述优秀浮雕艺术的欣赏感受，运用刻、挖法，学习制作泥板雕刻，提高造型能力。

（3）通过欣赏优秀民间浮雕作品和幼儿亲手创作作品，感受浮雕具有的实用性和艺术价值，体验造型的乐趣，养成认真仔细的学习习惯。

【活动准备】

黏土（或彩泥）、泥工刀等工具材料，PPT。

【活动过程】

（一）导入新课

给幼儿欣赏浮雕作品（人民英雄纪念碑上的浮雕之一）。

提问：你知道这是什么吗？这幅作品带给你什么感受？

教师小结：这上面的雕刻叫作浮雕，它是在一个平面上雕刻，微微有一点立体感，是介于绘画和雕刻之间的一种艺术表现形式。

（二）引导幼儿欣赏，进一步感受中国传统雕刻作品的艺术魅力

（1）引导幼儿欣赏历代砖石雕刻艺术品，进一步感受中国传统雕刻作品的艺术魅力。

（2）教师小结：砖雕是在质地细密的土砖上雕刻物象或花纹，主要用于寺塔、墓室、房屋等建筑物的壁画装饰。民间砖雕一般要经过修砖、上样、刻样、打坯、出细、磨光等程序。

（3）引导幼儿学习泥板雕刻步骤图，师生共同探究：怎样用泥板雕刻的方式创作一件浮雕作品？

（4）教师讲解并适当示范制作步骤：在白纸上画草稿——把草稿刻在泥板上——刻挖背景，突出主题图形。

（三）学习泥板雕刻多样的表现方法

（1）欣赏作品，进一步学习泥板雕刻多样的表现方法，拓宽创作思路。

（2）用泥板雕刻的方式创作一件浮雕作品。（运用点、线、面的关系把作品雕刻得更美观）

提示：雕刻时一定要仔细，以免将泥板弄裂。

（3）幼儿创作，教师巡视并进行个别辅导。

（4）展示评价。

①作品展示，评一评：谁制作的浮雕作品与众不同？亮点在哪里？

②谈一谈：如何利用制作好的浮雕品美化生活？

【活动延伸】

回家后收集、了解用其他材料制作的浮雕作品，如玉雕、木雕等。

主题活动十六：植物探秘

主题背景：植物与孩子们的生活息息相关，利用幼儿园附近的植物资源，我们把课堂搬到了户外，让幼儿走进植物王国探秘，运用多种感官、多种方式进行探究，来了解植物的形状、颜色、品种及用途。幼儿在感受大自然的美之外，学会了观察与探索，更加亲近自然。

小小的苔藓（小班）

松滋市划子嘴幼儿园　姚　芃

【活动目标】

（1）知道"苔藓"这一名称和主要外形特征，了解苔藓的生长环境。

（2）乐意主动采摘苔藓，感受乐趣。

（3）丰富相应词语，如葫芦藓、地钱、墙藓等。

【活动准备】

教师事先找好有苔藓的花圃、田间、路边等。

【活动过程】

（一）出示苔藓实物样品，引出课题

提问：谁见过这些绿绿的小东西？它们长在哪里呢？

今天我们要去找找苔藓，可以采摘。

（二）幼儿寻找、采摘苔藓的过程中，和幼儿一起观察苔藓生长环境的特点，诱发幼儿有意记忆

（略）

（三）交流经验

你找到苔藓了吗？它长在哪儿？什么样子的？像什么？（让幼儿边观察边讨论）

请你找一找苔藓的根、茎、叶。

（四）再次寻找、采摘

幼儿再次寻找、采摘，并让幼儿摘点野花、野草，回教室后让幼儿用它们与苔藓合作学习插花。

（五）梳理经验

（1）苔藓多生长在潮湿、肥沃的土地里，在住宅、田园和路旁容易找到。因为是潮湿环境，所以人们走路要小心。

（2）苔藓虽小，也有茎、叶，是植物的一种。（让幼儿讨论苔藓与水和阳光的关系）

【活动建议】

（1）可结合相应的季节和天气组织幼儿采摘苔藓（地钱），并烹饪、品尝苔藓植物（地钱），让幼儿了解其特殊的用处。

（2）科学区中设置"下水石""上水石""没水石"，观察哪块石头能长出苔藓。（"上水石"总保持着潮湿的状态，所以适合苔藓植物生长）

（3）在自然角种植苔藓植物。

会飞的种子（小班）

松滋市机关幼儿园　宋　敏

【活动目标】

（1）知道蒲公英是一种野花，有很特别的花朵和有趣的茎。

（2）用自己的认识表达对蒲公英的认识。

（3）能用简单的工具进行创作。

【活动准备】

课件PPT《蒲公英》，叉子、卡纸、水粉颜料。

【活动过程】

（一）以让幼儿猜花的形式，引出课题，激发幼儿兴趣

小朋友，有一种花就像一个毛茸茸的圆球，很轻很轻，风一吹，这些圆球就随风飘呀飘，飘到哪里就在那儿里安家。你们想知道这是什么花吗？

（二）认识蒲公英的外形特征

1. 出示PPT：蒲公英（花）

（1）蒲公英的花是什么颜色的？花瓣是什么样子的？

引导幼儿观察，认识蒲公英花瓣的颜色和形状。

（2）蒲公英的叶子是什么样子的？

引导幼儿观察后发现，蒲公英的叶子是绿色的，锯齿形的，含白色乳汁。

（3）它的茎是什么样子的？

2. 出示PPT：蒲公英（种子）

（1）你们知道这是什么吗？（告诉幼儿像毛茸茸的圆球一样的就是蒲公英的种子）

（2）蒲公英生活在什么地方呢？

让幼儿知道蒲公英是一种野花，生于路旁、田野、山坡……蒲公英的种子随风飘落到什么地方，就在什么地方安家。

（三）了解蒲公英的作用

（1）蒲公英能吃吗？（可生吃、炒食、做汤、焯拌，风味独特）

（2）蒲公英的花非常漂亮，可供人们观赏。

（四）操作活动：蒲公英

（1）蒲公英非常好看，现在，我们把它画下来，举办一个蒲公英画展好吗？

（2）幼儿操作：通过画蒲公英加深幼儿对蒲公英的认识。

我是小小蒲公英

松滋市刘家场镇机关幼儿园　周　燃

【活动目标】

（1）初步熟悉和感受乐曲旋律，能用身体动作表现出蒲公英的传播、生长过程。

（2）能根据已有经验、技能，大胆创编动作。

（3）初步了解蒲公英种子的传播方式。

【活动准备】

创设场景（房子、篱笆、大树、草地等），课件，木偶，音乐，图谱，绒球每人2个。

【活动过程】

（一）导入活动

（1）幼儿学小蝴蝶飞进活动室。

师：我们像小蝴蝶一样飞着出去玩好吗？（教师带领幼儿边观赏所创设的场景，边模仿蝴蝶的各种动作）

（2）木偶表演：蒲公英找娃娃。（蒲公英妈妈着急地来回移动）

（二）观看课件，初步了解蒲公英种子的传播方式

教师边播放课件边讲述：

这天，天气很好，风轻轻地吹着，蒲公英妈妈在微风中轻轻地摇摆着。

突然，风大了起来，蒲公英宝宝离开了妈妈，跟着风婆婆，飞呀飞呀，有的落在了池塘边，有的落在了柳树下，有的落在了花丛中。

渐渐地，蒲公英宝宝长大了，个子越长越高，越长越高，有的和它们的妈妈长得一样高，有的长得更高。又过了一段时间，它们开花了，身上长出了许多蒲公英宝宝，它们也做妈妈啦！

（三）欣赏音乐，根据故事情节理解音乐，使音乐内容与故事内容匹配

（1）第一遍：边听音乐边看图谱边听老师语言提示：第一段音乐是蒲公英妈妈在风中摇晃；第二段音乐是蒲公英种子随风飘走了；第三段音乐是蒲公英宝宝慢慢地长大了。

（2）第二遍：一边听一边可以讲讲蒲公英的故事。

（3）分段欣赏，引导幼儿根据故事情节创编动作。

分别引导幼儿创编蒲公英妈妈在风中摇摆的动作、蒲公英种子在风中四处飞扬的动作、蒲公英宝宝逐渐长大最后变成妈妈的过程。

（四）音乐表演

师：我们也来变成一棵蒲公英，用动作来讲讲它的故事好吗？

提醒幼儿这次风很大，所以蒲公英的种子会飞得更远，带领幼儿飞出活动室。

蒲公英飞得高（中班）

松滋市刘家场镇机关幼儿园　周　燃

【活动目标】

（1）体验解决问题的快乐，获得成功感。

（2）在探索中初步感受大气压力的存在。

（3）尝试发现能使蒲公英飞起来的不同方法。

【活动准备】

（1）经验准备：认识蒲公英，了解其种子传播的方法。

（2）物质准备：手工制作的蒲公英、大可乐瓶、气球。

【活动过程】

（一）开始部分

韵律活动：小小蒲公英。

（二）基本部分

1. 飞翔的蒲公英

（1）幼儿自由操作，尝试用各种办法让蒲公英飞起来。

（2）个别幼儿在集体中介绍自己使用的方法（如用嘴吹、用手扔、用脚踢等）。

（3）集体尝试用扔、吹等不同方法让蒲公英飞起来。

2. 蒲公英飞得高

（1）幼儿人手一个干净的空饮料瓶，探索用瓶子使蒲公英飞起来的方法。

（2）请探索成功的幼儿在集体中讲解、演示自己的方法。

（3）幼儿再次使用瓶子，尝试用拍打瓶身的方法使蒲公英飞起来。

3. 通过实验感受大气压力的存在

（1）小实验："瓶子吹气球"。

方法：将一个小气球套在瓶口处，教师用力挤压瓶身，气球变大。

（2）幼儿在讨论、操作中感受大气压力的存在。

①幼儿自由讨论。

②幼儿操作，感受大气压力。

4. 比一比

（1）幼儿自由结对进行比赛。

（2）说说比赛结果并分析原因。

（3）集体比赛。

（三）结束部分

音乐游戏：再见了，蒲公英。

探究植物色素（大班）

松滋市机关幼儿园　肖春玲

【活动目标】

（1）知道植物中含有各种色素，初步了解植物色素的用途。

（2）培养对大自然的好奇心和探索的兴趣。

【活动准备】

（一）幼儿操作材料

（1）每人座位底下放一块白布和叶子。

（2）各种植物的叶子、果实、花瓣等（如草叶、小番茄、各种颜色的花瓣等）。

（3）小积木、白色棉布，每人2份。

（4）各种食物：糖果、有颜色的馒头、面粉等。

（5）黑板一块、PPT、做彩色面的视频。

（二）教师示范材料

白布、绿叶。

【活动过程】

（一）观看魔术，引发幼儿活动兴趣

（1）观看魔术表演。

魔术结束，产生了什么现象？（白布变成绿色的了）

（2）幼儿尝试操作。

你们觉得这个魔术有趣吗？那现在我们自己来尝试变一次。看看老师给你们准备了什么材料？（幼儿观察操作材料）

幼儿尝试自己动手操作变魔术，观察白布的变化。

教师提问：为什么布会变成绿色的呢？（因为叶子上的绿色跑到布上面去了）

小结：原来植物的叶子里有绿颜色，它的名字叫植物色素。

（二）探索植物染色的秘密

1.幼儿预测猜想

我们已经在植物的身体里找到了绿色，那你们猜一猜植物的身体里还会不会藏着其他颜色？（幼儿猜想）

2.幼儿探索验证

（1）熟悉材料。

师：我们现在自己来找一找，到底植物的身体里有没有其他颜色。老师给大家准备了各种材料，有植物的花、果实，也有植物的叶子。我们一起来看一看吧。

（2）第二次操作。

师：刚才我们已经学会变魔术这个本领了，这一次请你们自己来变魔术。道具还是一块白布，请你们在箩筐里选一样你喜欢的东西放在白布上来变魔术，看看最后会发生什么神奇的事情。（幼儿操作，教师指导）

（3）交流分享。

请幼儿把染上颜色的布按颜色分类摆放好。

提问：你变出了什么颜色？你是怎么变的呢？（引导幼儿用"我用什么变出了什么颜色的布"句式回答）

（4）教师小结：原来植物的身体里藏着各种各样的颜色，有红色、黄色、紫色，还有绿色。这些藏在植物身体里的颜色都有一个共同的名字，叫作植物色素。

（三）联系生活，提升经验

（1）生活应用。（出示PPT）

这些植物色素还有很多作用，可以添加在食物里，不信让我们一起来瞧一瞧。

播放PPT1（彩色面条）：这是什么？它和我们平时吃的面条有什么不一样？

你知道它是怎么变出来的吗？让我们一起来看一段视频。

厨师在干什么？你在画面上找到植物色素在哪里了吗？

小结：对了，这些植物色素就蕴含在这些蔬菜的汁液里，把它们加在面粉里，就做出了彩色的面条。

我们的生活中还有什么食物也添加过植物色素呢？我们一起看一看（播放视频）。

（2）教师小结。

这种加在食物里的植物色素是安全自然的，是可以吃的。它可以使我们的食物变得更加美观、更加有营养。

【活动延伸】

刚才我们已经在白布上找到了一种颜色，想不想把这块布变得五颜六色，更加美丽？请你们一起回到教室，继续来完成好不好？

主题活动十七：民间游戏嗨翻天

主题背景：民间游戏是我们民族的瑰宝，它蕴含着丰富的教育智慧，是幼儿园宝贵的教育资源。我们将民间游戏与五大领域教学目标相结合，并根据不同年龄段孩子的身体发育特点进行分类，在传承传统文化的同时，也让孩子收获一份宝贵的财富，将永远是儿童生活中一道美丽的风景线。

拉大锯（小班）

松滋市划子嘴幼儿园　杨安宁

【活动目标】

（1）体验民间游戏"拉大锯"的趣味性，增进亲子之情。

（2）锻炼幼儿手臂、背部肌肉，提高肌体的协调能力与动作的灵活性。

（3）感受童谣的音韵与节奏之美，培养幼儿的创造能力与合作能力。

【活动准备】

音乐《亲亲恰恰》，幼儿已熟悉儿歌《拉大锯》，毛巾、毛线辫、哑铃等辅助材料，软垫若干。

【活动过程】

（一）亲子舞蹈《亲亲恰恰》

展示亲子舞蹈。

（二）回顾儿歌《拉大锯》

（1）请一位家长模仿木匠师傅锯木头的样子，引出儿歌。

（2）幼儿、家长、教师边拍手边有节奏地念儿歌一遍，边念边表演动作。

（三）尝试游戏"拉大锯"

（1）介绍民间游戏"拉大锯"的玩法。老师与一名幼儿合作示范讲解。

（2）幼儿与家长尝试游戏，边念儿歌边有节奏地做"拉大锯"的动作。

（3）请1~2个亲子组合表演游戏。

（四）创新游戏"拉大锯"

（1）教师提问启发幼儿思考并探索更多玩法。

（2）请几个亲子组合示范新玩法。

（3）教师小结新玩法。（如单手拉、双手交替拉、双手交叉拉、勾手指拉、斜拉等）

（4）幼儿与家长边念儿歌边有节奏地变换"拉大锯"的动作，体验游戏新玩法。

（五）拓展游戏"拉大锯"

（1）教师出示辅助材料，鼓励幼儿尝试、挑战更多新玩法。

（2）鼓励幼儿邀请新同伴（现场小朋友、家长、老师）自由选择材料玩游戏。

（六）结束部分

（1）幼儿随舒缓的音乐做放松活动，教师简单评价与小结。

（2）指导幼儿收拾整理，有序地走出活动室。

小老鼠上灯台（小班）

松滋市划子嘴幼儿园　余巧玲

【活动目标】

（1）感受民间游戏的快乐。

（2）学习儿歌，感受儿歌的韵律。

（3）能用简单的模仿动作表现儿歌，体验表演的乐趣。

【活动准备】

音乐《小老鼠上灯台》，小老鼠和猫的手偶。

【活动过程】

（一）教师带领幼儿听音乐，模仿各种小动物

（1）听音乐，师生共同自由表演。

（2）教师提问幼儿：刚才你表演了什么动物？你喜欢谁？它是一只什么样的小动物？

（二）教师请幼儿看手偶表演，学念儿歌

（1）教师边讲述儿歌情节，边演示图片，帮助幼儿理解儿歌。

（2）教师利用手偶为幼儿完整地念一遍儿歌。

（3）教师表演，幼儿跟着教师一起念儿歌、学儿歌。

（三）引导幼儿在念儿歌的同时自己做动作

（1）以提问形式，加深幼儿对儿歌内容的印象。

（2）教师引导幼儿在念儿歌的同时自己做动作。教师念到"小老鼠，上灯台，偷油吃，下不来"时，两手食指在胸前相对做小老鼠走的动作。教师念到"喵喵喵，猫来了"时学小猫走。

（3）启发幼儿想想"叽里咕噜滚下来"应该做什么动作。

教师提示幼儿将两手放在胸前从上向下做绕拳动作，同时身体下蹲。

（4）幼儿自由练习动作，感受其中的乐趣。

①鼓励幼儿随音乐自由地做模仿动作。

②指导幼儿尝试着两人或三人结伴进行表演。

（四）教师和幼儿一起完整表演儿歌，感受表演的乐趣

（1）幼儿扮老鼠，教师扮猫一起表演。

（2）幼儿扮老鼠或猫一起表演。

【活动延伸】

幼儿听歌曲《小老鼠上灯台》。

拉绳（中班）

松滋市八宝镇中心幼儿园　艾春芳

【活动目标】

（1）体验民间游戏的乐趣。

（2）积极探索绳圈的多种玩法。

（3）发展幼儿的肩部、腰部和腿部力量及身体的平衡能力。

【活动准备】

绳圈、沙包若干。

【活动过程】

（一）开始部分

队列练习，模仿操。

（二）基础部分

（1）花样玩绳圈。

玩法：请幼儿发挥想象与创造力用各种方法玩绳圈。可以一个人玩，可以几个人合作玩。看哪些小朋友花样玩得又多又好。（放背景音乐）

（2）玩新游戏"拉绳"。

① 教师介绍拉绳的玩法：两两一组，幼儿套在绳圈里背对背站立，将绳圈放置腰间，手握住绳圈。事先在每个人的前方2米处各放一沙包，等信号发出后，各自用力向前拉绳子，尽力去抓沙包，首先拿到沙包者为胜。

② 教师示范，强调绳圈放置在身体的腰部，等信号发出后才能各自用力向前拉绳子，尽力去抓沙包。

③ 幼儿两两自由组合进行练习，教师观察指导。

④ 加大游戏难度，要求三人一组。

提出游戏要求：三人一组，幼儿套在绳圈里背对背站立，将绳圈放置腰间，手握住绳圈。事先在每个人的前方2米处各放一沙包，等信号发出后，各自用力向前拉绳子，尽力去抓沙包，首先拿到沙包者为胜。

⑤ 幼儿三人自由组合进行练习，教师观察指导。

（3）游戏：拉绳比赛。

（三）结束活动

放松运动，听音乐做放松整理活动。

推磨磨（中班）

松滋市老城镇实验幼儿园　寇金艳

【活动目标】

（1）学会念松滋方言童谣，感受童谣的韵律美和浓郁的乡土气息。

（2）体验玩民间游戏的乐趣，锻炼幼儿共同合作的能力。

【活动准备】

（1）小鸡头饰，黑色的熟粑粑和白色的生粑粑各一个，一盆大米。

（2）事先带幼儿观看推磨磨。（没条件的可让他们观看视频）

【活动过程】

（一）导入

随着《生日快乐》的音乐，教师头戴小鸡头饰，手端粑粑（用布盖着），走进教室。

（1）师：小朋友，明天是我的生日，我要请好朋友们来玩，你们猜，我会请他们吃什么呢？

（2）师："错了，不是生日蛋糕，我想做些粑粑请客人吃。"出示熟粑粑给幼儿看看、闻闻，并请幼儿说说熟粑粑是什么颜色。

（3）师："小朋友，你们知道粑粑是用什么做的吗？对，大米！"出示生粑粑，给幼儿看看、闻闻，并说说生粑粑的颜色。

（二）播放推磨磨以及做粑粑的视频，请幼儿观赏

（1）师："现在让我们来看看粑粑是怎么做的。"

（2）师："磨磨是怎么推的？我想请几个小朋友来模仿一下。"在4名幼儿模仿推磨动作的同时，教师大声念《推磨磨》的儿歌。

（3）师："小朋友，老师刚才念的这首歌谣，你觉得好听吗？想学吗？"

（三）老师教幼儿学念歌谣

重点指导幼儿念到"摸茶喝"时，要仰头做喝茶的动作。

（四）幼儿自由结伴，两人一组，边念松滋方言歌谣边做游戏

（1）师巡回指导，重点指导幼儿推磨磨时，两脚前后稍微叉开，同时用力要适当控制，动作幅度不要太大。

（2）请三组表演得好的小朋友到前面来示范，其他幼儿可以跟他们一起念歌谣并进行奖励。

（3）教师小结活动情况并对幼儿说：告诉你们个小秘密，老师边干活边唱歌谣，就不会觉得累，而且感觉心情特别舒畅。你们有这种感觉吗？

（五）活动结束

师："粑粑磨好了，现在我们要去厨房蒸了，孩子们，跟我走吧。"带领孩子走出教室。

儿歌《推磨磨》内容如下：

推个磨，拐个磨，推个粑粑白（be）不过，杳个粑粑黑（he）不过，

客来哒，杳一锅，一餐吃（qi）哒四五个，半夜时候摸茶喝（huo），炊子碰（pang）到后脑壳。

踩高跷（大班）

松滋市机关幼儿园　佘小梅

【活动目的】

（1）体验民间体育活动踩高跷的乐趣，培养热爱运动的习惯。

（2）探索踩高跷的方法，学会边踩高跷边游戏。

（3）发展身体平衡能力及协调能力。

【活动准备】

（1）音乐、视频，小椅子每人一把，红绸布每人两块，高跷每人一对，橡皮筋。

（2）场景布置：树林、山洞、栅栏、小溪。

【活动过程】

（一）热身运动——罐操

师："小朋友们，咱们锻炼身体的时间到了，大家一起做运动吧！"

（二）幼儿探索踩高跷的方法

师："做完运动，现在老师请小朋友欣赏一段有趣的录像。"

（1）幼儿看踩高跷的视频。

（2）幼儿自己探索踩高跷并交流方法。

（3）教师示范踩高跷并根据幼儿的交流进行归纳小结。

（4）游戏：机器人和木头人。比赛看谁踩得稳。

（三）踩高跷游戏

师："小朋友们觉得踩高跷好玩吗？瞧，小椅子也想和大家一起玩游戏了，我们怎么和它玩呢？"

（1）踩高跷曲线走：绕椅子。

① 幼儿自由练习。

② 幼儿分两组比赛绕椅子。

（2）踩高跷跨过障碍物。

① 练习跨过橡皮筋。

② 幼儿分组比赛。

（四）参加森林动物王国的秧歌节

（1）教师介绍路程：绕过树林——钻过山洞——跨过栅栏——蹚过小溪。

（2）带领幼儿出发。

（3）在音乐声中踩高跷舞红绸。

（4）放松运动。

老鼠娶亲猫贺喜（大班）

松滋市机关幼儿园 李素娟 李丹

【活动目标】

（1）感受民间游戏独特的趣味性，能根据角色投入地参与游戏。

（2）掌握抬酒的技能，能双手抓杠悬空吊起20秒左右。锻炼手臂力量及肩的负重能力。

（3）在运酒过程中提高合作能力，渗透和谐教育。

【活动准备】

（1）两头扎有红花的圆扁担五根、"酒"字图片五张、"担"字图片十张、纸质花轿一台、纸质喇叭两个、"老鼠娶亲"的角色表演、教学PPT。

（2）场地布置：贴有"喜"字的老鼠家、小桥、田间小路、草地。

【活动过程】

（一）情景导入，商量妙招

（1）猫妈妈带领孩子们到外面寻找可口的午餐。（《猫和老鼠》的音乐）

（2）观看"老鼠娶亲"的视频。

提问：有什么办法能让肚子填饱？

有什么办法可以让老鼠认不出我们？（幼儿自由讨论）

（3）告诉大家猫妈妈的绝妙主意：老鼠家办喜事儿，我们装扮成抬酒的师傅抬一些酒坛子给它们贺喜，这样它们就认不出，我们趁机抓到所有老鼠。

（二）合作抬酒，掌握技能

（1）自主分配抬酒的角色。

五只猫咪装扮成酒坛子，剩下的每两只为一组装扮成抬酒师傅。

（2）幼儿进行角色装扮。（在幼儿背上分别贴上"酒"字和"担"字图片）

（3）抬酒前的热身。

三人一组拿扁担随《老酒谣》音乐活动身体。

（4）猫咪尝试抬酒。

三名幼儿一组，两名幼儿当运酒师傅同向站立，肩扛扁担，双手紧握扁担。一名幼儿当酒坛子，双手交叉挂在扁担中间，身体下蹲，双脚站立准备。听到口令酒坛子双脚向后勾起，抬酒师傅一步步前进，一手紧握扁担一头，一手可垂下前后摆动，也可双手紧握扁担一头。酒坛子要努力挂在扁担上，双脚尽量不着地。抬酒师傅尽量把扁担扛在肩上，手托住扁担给予支撑。

（三）老鼠娶亲，运酒贺喜

（1）抬酒师傅抬着酒坛子随《抬花轿》的音乐走过窄窄的小桥和田间小路，教师可在旁边帮助力量小的幼儿。

（2）观看"老鼠娶亲"的角色表演。（配以视频音乐）

（3）向老鼠贺喜，趁机抓老鼠。

（四）担鼠回家，和谐互动

（1）教育老鼠改过自新，自食其力。

（2）猫鼠道喜，歌舞同乐。

（3）抬老鼠回家，共建美好家园。（《抬花轿》音乐）

提议让"抬酒师傅""酒坛子""老鼠"角色互换并多人合作将"老鼠"抬回家。（从原路返回）

（4）猫鼠和谐放松。

酒坛子、抬酒师傅、老鼠互相按摩。（配以轻松的乐曲）

课 程 故 事

菠菜成长记

我们园有着得天独厚的种植园地，它不仅具有绿化、美化环境的作用，同时蕴含着很大的教育价值。

每周五下午，是我们的户外实践活动时间，我照例在班级里询问幼儿们的意见："孩子们，今天你们想做些什么呢？

"我们可以去福利院看望爷爷奶奶们，很有意思！"

"但是现在疫情期间出去不方便呢。"

"那我们去操场上捡树叶吧，早上来的时候，山坡上和石子路那里好多叶子都掉下来了。"

"大二班的小朋友已经去了呢，你看！"

"我想去种植园看看，上次中一班的小朋友都已经种上了，我们的园子还是空空的。"

"好呀，好呀，我也想去。"

"我们一起去吧！"

来到种植园可发了愁，菜园子里已经长出了些杂草。（见图1）

图1

一、讨论

"种什么呢？怎么种呢？"

"快看！这是我们大一班的种植区。"（见图2）

图2

"太棒了，快想想我们要种些什么。"

幼儿们在兴奋之余开始了大讨论！我们种什么呢？

"老师我们种白菜吧！""老师我们种辣椒！""种黄瓜！""种茄子！""种菠菜！"

最后，"菠菜"以呼声最高获得了全班幼儿的认可。（见图3）

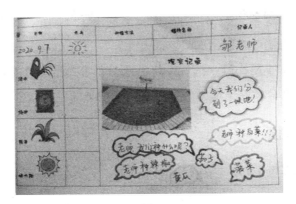

图3

我们种菠菜！

家长志愿者来到了我们幼儿园，和幼儿一起种植菠菜。为了更好地播种，我们和奶奶一起给菜园松松土！"到底要挖多深啊？"（见图4）

图4

幼儿在下面讨论着。奶奶告诉他们："这块菜园挺肥沃，我们只需要把表层的土稍微松一松就可以了，不用挖得太深。"

"翻过的土壤土质松软，透气性好，水分很容易保留在土壤里；同时，翻土时还能杀死一部分藏在土壤中的害虫，利于种子的发芽和生长。"

二、开始种植

我们买来菠菜种子，小朋友们仔细地观察。（见图5）

图5

幼："老师，菠菜种子怎么这么红？不是绿色的吗？"

师："观察得真仔细，种子表面的红色包衣是保护种子的保护层哦！"

幼："菠菜种子是圆圆的。"

幼："一颗一颗好像小豆子。"

播种啦！（见图6）

图6

师："菠菜的种植方法是撒种，翻好的地又松又软，正好适合哦！"

幼儿赶紧尝试了起来，有的一颗一颗地撒，有的一把种子全部撒下去了，有的舍不得，看了又看，摸了又摸。

幼："真累啊！我们的菠菜什么时候能发芽呢？"

幼："不知道啊！要不我们明天来看看吧！"

幼："明天来浇浇水吧，奶奶说要定期浇水，不然就长不出来了！"

三、大发现

我们的菠菜发芽啦！（见图7）

图7

幼：“老师，我们看见有一个白白的小芽。”

幼：“老师，我看见一片小叶子了。”

幼：“老师，我这边长出两片叶子了。”

师：“原来菠菜的小芽是这样子的，像什么呢？”

幼：“好像绿色的小船。”

幼：“老师，后面还会长成什么样子呢？”

师：“那就让我们继续观察，先把今天看到的样子记录下来，看看之后会有什么变化吧？”（见图8）

图8

幼：“老师，我们的菠菜什么时候才长大呀！我都想吃了！”

幼：“对呀对呀！我也想吃了，我也想吃了。”

四、成长的惊喜

国庆八天假期一过，小朋友们迫不及待地去看看我们的菠菜苗了。（见图9）

图9

幼："老师，快看，长出四片叶子啦！"

幼："是的，我这里也是四片叶子。"

幼："你们快看看你们那边是不是四片叶子，快数一下。"

幼："快看，快看。菠菜长出三层了。"（见图10）

图10

幼："快看，长得比我的手还要大了。"

幼："菜苗好绿好绿哦！好漂亮，等它长大肯定很好吃。"

五、大作战

我们给菠菜浇水、除草、捉虫。哇，菠菜一天天长大啦！（见图11）

阳光普照，来给菠菜浇点水吧！今天的值日生给菠菜浇水啦！

幼："往这边浇点。"

幼："你这样子浇，把手放平了往外面。"

幼："你看看我们的菜苗是不是又长大了呢？"

也不知道她会不会水浇多了，把菠菜苗给淹到了？

好想给菠菜浇水哦！下次表现好点，让老师选我。

图11

　　幼："老师，这里有一株小苗跟菠菜苗不一样？"

　　师："那是长出的杂草。"

　　幼："老师，为什么菠菜旁边有那么多的小草呢？"

　　师："说明我们的菜地很肥沃，但是我们需要及时地把小草清理掉，不然我们的菠菜就没有营养了。"

　　幼："老师，那我们一起来给菠菜除除草吧！"（见图12）

图12

幼："老师，菠菜叶子上有一个洞洞。"

幼："老师这边有小虫子。"

幼："虫子快快走，不要吃我们的菜。"

菠菜苗在幼儿们的照顾下渐渐长大啦！（见图13）

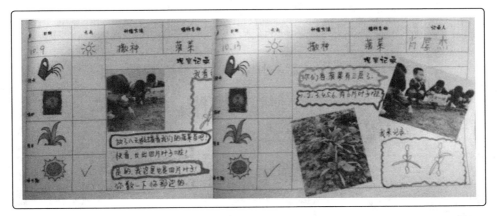

图13

六、大收获

在孩子们的精心照料下，我们的小菜地终于收获啦！

瞧，拔菠菜可是我们的强项！

小木工趣事

李淑婷

《幼儿园教育指导纲要（试行）》中指出：应该支持幼儿富有个性和创造性地表达。尊重孩子的意愿，以孩子为主体，让孩子成为游戏的主人。在游戏中，玩什么，怎么玩，应该让孩子自己选择，让他们自己当主人。作为教师，我们应抓住每个有利于发展幼儿创造能力的时机，并想方设法激发幼儿的创造兴趣。

一、游戏的起源

"老师，木工坊里材料真丰富。"

"快看，我发现了这个木板，我们敲击还可以发出声音呢。"

"我知道这个彩笔是用来给木板涂颜色的。"

"大家猜猜这个工具叫什么名字？可以用来干什么呢？"

"我知道，这是锤子。"（见图1）

图1

"敲敲打打"是幼儿的天性，木工坊的锤子、钉子、木料和木桩操作台，激发了幼儿的新鲜感、好奇心。对幼儿而言，当他们充满着惊奇开始探索的时候，学习的奇妙旅程也随之开始了。（见图2）

图2

二、环境及准备

通过对活动室的专业设计，配置各类安全的木工工具和环保的操作材料，以及系统的课程导入所打造的具有木工特色的游戏学习场所。木工坊课程的体验不仅仅进行技能的学习，更多的是培养严谨、专注、智慧的"工匠精神"！

木工坊里有两张操作台，一张木工桌，一个双层柜子放置工具。角落靠墙的位置摆放各种木材，侧面一边墙面悬挂孩子的防护用具，如防割手套、安全帽、防护眼镜等。同时，活动室内设有展示墙、鲁班故事介绍栏和一些木工作品的图片，另外空出一部分张贴幼儿的设计图。（见图3）

图3

三、我们的约定

规范化管理是安全操作的基础，规则的建立是木工坊活动开展的前提。安全保障规则的具体内容如下。

（1）进入木工坊后，做好防护措施。

（2）在木工坊活动中禁止追逐、打闹、争抢。

（3）在使用工具与设备时，听从引导，注意安全。

（4）创作后记得分类收纳剩余材料，不要浪费。

（5）活动结束后，部分电器记得断电。

（6）活动结束后，记得清洁打扫教室，方便之后的小伙伴进行活动。

（见图4）

图4

（一）我们的探索

"今天我们可以去木工坊看看我最喜欢的挖掘机吗？"

"老师老师，我想去试一试钻孔机。"

走进木工坊，展示墙上摆放着幼儿最喜爱的木制作品，有飞机、火车、吊车、挖掘机等，幼儿会讨论和探索这些作品的构成，利用幼儿对木工坊活动的兴趣，带领他们感受木工文化的乐趣。（见图5）

图5

（二）我们的实践

★ 尝试使用锯子 ★

镜头一：

今天的木工坊活动主题是"锯木板"，孩子们都很兴奋。幼儿甲说："我会锯木条，就是这样锯。"说着迈腿弓步，双手在体侧来回移动，展示出拉锯子的动作。幼儿乙说："我也会，是这样锯的。"立刻左手叉腰，右手做握刀状，手臂弯曲在体侧来回移动，呈现出单手拉锯的动作。

看起来确实挺像样的，但从未碰过锯子的他们在实际操作中将会出现怎样的情景呢？

镜头二：

当听到要求孩子们自由结伴完成作品时，幼儿甲连忙喊住幼儿乙说："我们一起完成吧？"于是两人一起来到木工坊，先到木料区去选择可操作的材料，他们选择了一块长方形的薄木板，然后来到操作台前。当幼儿甲拿起锯子就想锯时，幼儿乙马上提醒说："不对，还要在木条上画一条线呢。"于是幼儿乙拿来铅笔帮助幼儿甲在木条上画出一条黑色的锯线。幼儿甲说："看我的！"只见他把木块平放在锯台上，一只手按住木板，但因力气小，单手按住木板，木板虽然在抖动，但一点也没有锯断。幼儿乙又说："我和你一起锯吧。"于是两个人合作开始锯木板。由于单手按住木板，被锯的木板动来动去，总是不往前，两人都急了。"木板怎么老是动来动去呢？""是我们的方法不对吗？""我记得我爸爸就是这样锯的呀？"

镜头三：

幼儿乙放下工具，走到旁边的一组，看着正在锯木头的男孩说："你们是怎么锯的呀？我们怎么完成不了呢？"一边问，一边看着他们的动作。他发现这一组两个人都用手按住木板，慢慢地往前推木板，他好像看懂了，转身走回到自己的操作台边，对幼儿甲说："我知道了，他们是用两只手按住木板，然后把木板往前推。"说完两人开始行动起来，这下要比之前容易多了。过了一会儿，木板断开了。他们兴奋地喊道："哇，断了，锯断了，我们成功啦，老师，我们把木板锯断啦！"（见图6）

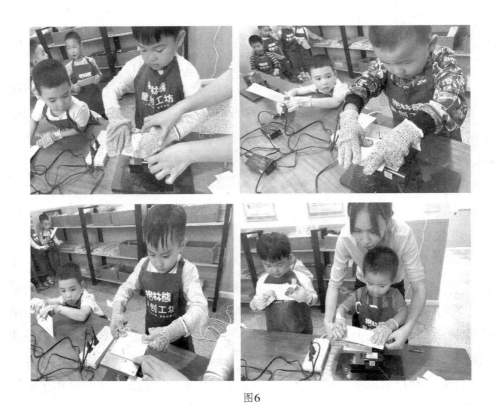

图6

（三）我们的创作

作品创作是习得技能的重要途径之一，幼儿在操作过程中可以学习并掌握工具的使用方法。木工坊活动刚开展时，我们没有对幼儿的作品创作做出限制，让他们自由发挥。如尝试使用锤子钉钉子，开始时幼儿只是随意地将两块木块钉在一起，经过一段时间的探索，幼儿的经验越来越丰富，木块组合的方式越来越多，不同的作品也慢慢在幼儿手中诞生了。

通过一些技能的练习后，幼儿有了一定的操作基础。尝试自己制作和装饰作品。（见图7、图8）

图7

图8

（四）我们的收获

木工坊活动给孩子带来了合作的机会，培养了他们的社交与合作能力。在完成共同的制作目标时，他们需要相互商量、配合、取长补短，这个过程自然地发展了交往技能，培养了他们专注、耐心和坚持等意志品质，同时也给他们带来了一定的成功感和自信心。在木工坊活动中，计划和制作的过程远比完成作品本身更重要。在活动过程中，孩子们体验到的是探索、学习和创造的乐趣以及坚持的力量。

我们的木工坊活动还在继续，木工课程的思路和探讨也在继续：可以提供哪些材料供幼儿深入操作？幼儿还能学习哪些木工技能？制作哪些作品？……相信，随着不断的探索和实践，木工活动会持续深入，幼儿的收获也会更多。

我们和食育工坊的故事

邓 倩

厨房在小朋友看来是个会变魔术的地方，能变出一道道美味的食物。在教师的眼中，它更是一个很好的生活教育的资源，能让孩子认识厨具，对食物、调料进行辨色、辨味、辨形、辨数，在操作中激发想象力，更重要的是将大自然的产物与食育工坊充分结合，学会生活的技能，培养孩子热爱生活的情感态度。稚慧园区作为课题示范园，开园时特开设了一个超大的"食育工坊"，下面是发生在食育工坊里的故事，让我们一起来看看故事的发生与发展……

观察、追随

师："你对幼儿园最感兴趣的事物是什么？"

德琛："我喜欢魔法精灵屋里的滑梯。"

泽峰："我喜欢山坡，可以在上面打滚。"

正一："我喜欢沙池，可以在里面挖宝藏。"

梓航："我喜欢食育工坊，哥哥姐姐每次都会在那里面做好吃的和我们分享！"（见图1）

图1

梓航一说出来，所有小朋友都附和道："我也是，我也是，那里有好多好吃的！"

尝试提出问题

宇嘉："食育工坊里面是什么样子的？"

沐宸："里面是不是有一个超级会做好吃的阿姨？"

诗婷："是不是和超市一样，里面有许多许多好吃的？"（见图2）

图2

带着幼儿的疑问，我们一起来寻找答案吧！

一起寻找答案

收集问题：

（1）食育工坊里都有什么？

（2）有些什么机器？

（3）那些好吃的是怎么做的呢？

第一站——参观厨房

在教师的带领下，幼儿来到了幼儿园的食育工坊。教师向他们介绍了食育工坊的工具、用途等。我们发现，原来厨房有这么多小工具，且每个工具的用处不同。（见图3）

图3

伟航："哇，这里好漂亮呀，你看屋顶上还有辣椒、土豆和花生呢！"

佳薇："好多工具呀！看这里有好多勺子，大小还不一样呢！"

皓宇："好大的烤箱呀，比我家里的大多了！"

胡可："你们看，这里还有两张大桌子，我们都可以坐下呢！"（见图4）

图4

第二站——最喜欢的食物

师："你们最喜欢吃什么呢？"

泽骞："我喜欢馒头！"

锦天："我最喜欢汤圆！"

晰玥："我爱吃饺子！"

雨桐："我最喜欢冰糖葫芦！"（见图5）

图5

那就请全体幼儿在馒头、饺子、汤圆、冰糖葫芦中进行投票。（见图6）

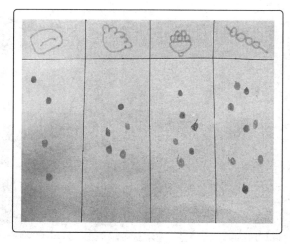

图6

经过投票，冰糖葫芦位居第一，汤圆第二，饺子第三，馒头第四，于是我们决定先做冰糖葫芦。

第三站——制作喜欢的食物冰糖葫芦

师："你们见过什么样子的冰糖葫芦？吃起来是什么样子的呢？"

陈馨："我吃过山楂中间夹着核桃的，又香又脆。"

梦菡："我吃过的糖葫芦先串一个香蕉再串一个橘子，可好吃了。"

昕颖："我吃过山楂的，酸酸甜甜的。"

幼儿们："我也是吃过山楂的，可好吃了。"（见图7）

图7

看来山楂的冰糖葫芦呼声最高。教师为幼儿准备好食材。

操作前，幼儿学习了冰糖葫芦的制作步骤，共分为四个步骤。（见图8）

图8

135

糖葫芦做好啦！（见图9）

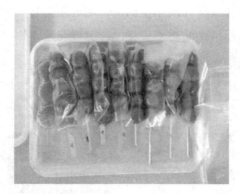

图9

分享时刻，一定要先送给我最爱的老师！（见图10）

图10

第四站——中秋节做月饼

中秋节到了，在教室里讲到了中秋节会吃月饼。宇嘉说："老师，我们可以去食育工坊里做月饼吃吗？"

师："当然可以呀，可是你会做吗？"

宇嘉："我不会做。"

晨瑶："我姐姐会做，可以让她教我们做，她就在楼上大二班。"（见图11）

图11

于是，幼儿们一致决定要去请大二班的晨瑶姐姐教我们做月饼。

当幼儿说明来意后，大二班的哥哥姐姐非常热情，表示都可以来教弟弟妹妹，于是就有了大手牵小手，一起做月饼的活动。（见图12）

图12

园长妈妈也来和我们一起做月饼了呢，她跟我们介绍了做月饼需要的材料和教我们做月饼的方法。（见图13）

图13

　　我们搓馅，哥哥姐姐包好，最后用月饼模具做成一个一个漂亮的月饼，教师帮我们蒸熟。（见图14）

图14

哇，哥哥姐姐为我们送月饼来啦！（见图15）

图15

真好吃！（见图16）

图16

第五站——冬至之包饺子

冬至到了，教学活动时讲到冬至的习俗是北方人吃饺子，南方人吃汤圆，于是幼儿们的兴趣又被带动起来了。（见图17）

图17

伟航："老师，我也想吃饺子！"

佳薇："老师，我想吃汤圆！"

师："按照我们本地的习俗，冬至是吃饺子，那我们今天先吃饺子，下次再吃汤圆，好吗？"

幼儿们："好呀好呀！"

师："你们会包饺子吗？"

宇嘉："会呀，我在家里看妈妈包过了。"

师："你们想包什么样子的呢？"

沐宸："我想包圆形的。"

若为："我想包三角形的。"

晰玥："我想包元宝形的，像个金元宝，可好看了。"

晨瑶："我想包叶子形状的。"

包饺子开始了。（见图18）

（a）

（b）

图18

果然，大家包出了各种形状的饺子。（见图19）

图19

太香了，我还要再吃一碗！（见图20）

图20

第六站——还有汤圆没做呢

正一："老师，你上次说过两天做汤圆的，都过去这么多天了，什么时候做呀？"

师："择日不如撞日，那就今天吧！"

幼儿们："哇！太好了，可以做汤圆啦！"（见图21）

图21

师："你们知道汤圆是怎么做的吗？"

幼儿们："就是用面粉，然后搓成小球吧""我妈妈说过，那不是面粉，那个是米粉"……

幼儿们认真地讨论着，教师拿出糯米粉，请幼儿们摸了摸。（见图22）

图22

幼儿们："你看，面粉就是这样的，我说是面粉吧！""米粉也是这样的。""老师，这是面粉吗？"

师："这叫糯米粉，它比面粉更有黏性，我们来试着把它和成面团，感受一下吧。"（见图23）

图23

　　幼儿们认真地行动起来，突然，德琛喊道："老师，我们的面太稀了，怎么办？""那你就加糯米粉呀！"旁边的诗婷回答他。（见图24）

图24

　　面团和好后，开始搓汤圆了。"老师，你看我搓的，好看吗？""嘟嘟，你的没有搓圆，汤圆应该是圆圆的。""我的搓圆了，老师，你看看我的。"幼儿们你一句我一句地讨论着。（见图25）

图25

圆圆的汤圆搓好了，可以下锅煮了。（见图26）

图26

幼儿们："老师，汤圆煮好了吗？""怎么样才是好了呀？""它会变成什么样子呢？"

师："一个个汤圆颜色变得透亮，就表示它煮熟了。"

"看，它变得透亮了，可以吃了！"幼儿们兴奋地品尝起来。（见图27）

图27

我搓的汤圆真好吃！（见图28）

（a）

（b）

图28

"生活即教育，教育即生活"，食育工坊这一特殊的活动场所，满足了幼儿的天性，他们最早是用嘴来感知世界的。这里充满了许多未知的生成性资源，抓住幼儿的兴趣和提出的问题，帮助幼儿进行深度学习，让幼儿在动手做美食的过程中，获得生活技能，学会思考和讨论，亲自体验操作和直接感知过程，可以积累丰富多元的生活经验，感受劳动的意义。

下一站……我们和食育工坊的故事仍在继续……

山坡游戏大创想

韩国丽

冬日、坚持、山坡、幼儿，美丽的画面凝聚出一股坚强、温暖的力量，直击教师的心脏，我们和山坡的故事就这样自然地发生了。

山坡上的一草一树，一叶一土，都是幼儿探索的资源，带着放大镜—— 一双善于发现的眼睛，我们一起开启探索山坡之旅。（见图1）

图1

一、爬上去、滑下来（见图2）

图2

征信：我们好像在爬山。

昊宇：我们要加油往上爬呀！

木子：我怎么总是滑下去。

千雅：你要扶着草地爬。

思怡：我们一起爬上去。

二、山洞有鳄鱼出没（见图3）

图3

昊宇：老师，我钻过来了。

芃芃：啊，上面还有人啊，会不会掉下来砸到我啊？

凯睿：哈哈，我们上面有梯子，才不会掉下去呢！

思文：好像鳄鱼从山洞里钻出来了。

三、试一试爬上来、滑下去（见图4）

图4

腾腾：老师，我要从梯子上爬上去。

婉娴：哇，用滑板做的滑滑梯，好好玩啊！

俊伯：我从轮胎上走上去，要扶着轮胎才不会掉下去。

四、铺上垫子跳下来（见图5）

图5

贝贝：好高啊，我好像有一点害怕。

梓瑄：那你站在我后面，我一点都不害怕，你可以看我跳。

思文：看着有点高，不过我还是想跳下去，下面有垫子。

五、谁的皮球滚得快（见图6）

图6

彬彬：哇，我的皮球滚得快呢！

凯睿：我的皮球比你们的快，因为我刚才很用力。

六、轮胎路搭起来（见图7）

图7

征信：这个轮胎好重啊！

昊宇：轮胎好重啊，我们要用力拉上去。

锦程：我可以给你帮忙推上去。

木子：轮胎有点滑，我害怕。

千雅：你站在洞洞里就不会掉下去了。

思怡：不要推到我，一人站一个轮胎。

木子：好好玩啊，我还要再玩一次。

七、拉轮胎（见图8）

图8

婉娴：轮胎好重啊，我好像拉不动了。

木子：我来帮忙，把轮胎推上去。

千雅：我可以帮忙滚上去。

婉仪：不要，我要自己拉，你可以帮我往上推吗？

千雅：可以。

自主设计游戏大讨论

老师：我们已经有很多玩山坡的方法了，请小朋友根据我们的玩法设计一个大家可以一起玩的山坡游戏。
睿睿：我们可以用滑板和梯子把滑滑梯与山坡连起来，就可以滑滑梯和山坡一起玩了。
千雅：我想用轮胎搭路，用滑板搭桥。
腾腾：我跟爸爸一起玩过打仗的游戏，有敌人的时候，我们可以躲在山洞里和油桶后面。
老师：那我们可以用什么方法把我们的想法记录下来呢？
萱萱：老师，我可会画画了，那我把它画下来吧。

一、设计游戏（见图1）

图1

二、勇者攀爬营

在勇者攀爬营中，攀爬网、自制攀爬架等都是幼儿乐意去攀爬、挑战的场所。这里不仅有高度纵向的攀爬，还有利用低结构材料多功能组合的攀爬，这些都是幼儿们乐于尝试的"嬉戏胜地"。（梓瑄，见图2）

图2

用滑板和梯子把绳网与山坡连接起来，从攀爬架到绳网，钻过绳网，再通过攀爬架到山顶，最后从滑板或轮胎上下来。（见图3）

图3

千雅：我们要搬滑板去搭桥，这样小朋友才不会掉到河里。

婉娴：是的，我们要搭好长的桥。

芃芃：这个梯子有长的，有短的，我们可以搬一个长的。

贝贝：我们要小心一点哦，不要砸到脚了。

凯睿：我们都是大力士。

图4

153

婉仪：老师，滑板像一座小桥。

天佑：我喜欢从这边楼梯爬上去。（见图4）

熙熙：好开心啊，我钻过来了。（见图5）

图5

腾腾：我一点都不害怕，我可以很快通过。（见图6）

图6

灿灿：老师，我是不是也可以过去。

老师：你自己慢慢地去尝试一下，可以吗？

灿灿：老师，我用手抓住旁边，我过来了。

馨如：老师，这个轮胎好漂亮，像彩虹桥，我要怎么下去啊。（见图7）

图7

老师：你可以自己去试一试。

馨如：我可以从中间的洞洞里走下来吗？

老师：当然可以。

三、丛林探索营

丛林探索营中的高空滑翔索道，利用多种低结构材料自主畅想设置的各种游戏场景是幼儿最享受的"飞人挑战项目"。在计划设计——实践体验——发现问题——解决问题——再挑战的过程中，融入合作、测量、记录、统计等过程，锻炼幼儿动作协调的能力和解决问题的能力。（芷萱，见图8）

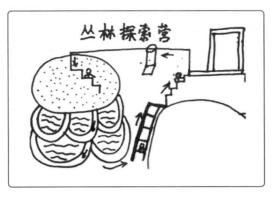

图8

丛林探索营：用梯子从山脚搭建到有滑索的亭子里，然后坐滑索到对面，再通过沙池和水池回到起点。（见图9）

图9

芷萱：我们爬上去了，好像我家里的楼梯。

天佑：你看，我还会走边上。

熙熙：我到达上面了，马上就可以玩滑索了。（见图10）

图10

四、山地野战营

山地野战营，一个实现孩子们军人梦想的游戏场所。利用梯子、轮胎、油桶、山洞、山坡等为孩子们搭建大胆探索野战游戏的主战场，他们主动发起游戏话题，乐于生成合理性、冒险性游戏。（质彬，见图11）

图11

山地野战营：幼儿分成红、黄两组，分别通过山洞到达山顶取得红旗，哪一组最先完成即为获胜。（见图12）

图12

芃芃：我很快就钻出来了，我可以到山顶上取红旗了。

思文：我也钻得很快的。

腾腾：这个桶好重啊，滚下去了怎么办？

浩宇：我们一起来帮忙，要用力往上推。

天佑：我来啦，我也来帮忙。（见图13）

图13

熙熙：我是黄队的。

腾腾：我是红队的，红队加油。（见图14）

图14

芃芃：我们到达山顶取到红旗了。

浩宇：啊，我们胜利了。（见图15）

图15

灿灿：我也有小红旗。

馨如：我们都拿到红旗了。（见图16）

图16

五、教师思考

幼儿在通过自主设计游戏，摆放器材的过程中，发现了很多问题，如"器械重了，我一个人搬不动，东西怎么才能从山脚运到山上去"等。而在这个过程中，当孩子们发现问题后，他们不再像平时一样马上寻求老师的帮助，而是在自己探索的过程中找到了很多解决问题的办法，特别是在团队协助上有着很明显的体现。这也让老师在思考，在以后的活动中，真的要把更多自己探索和思考的时间留给幼儿，他们一定能玩出自己的创意。

　　与山成长，与光成长，与风土成长。幼儿园的山坡是自然的，我们的孩子是自然的，我们的教育也是自然的。基于幼儿的兴趣，依托幼儿园绿色生态的户外环境，山坡项目课程的生成与推进都源于幼儿的发现、幼儿的讨论、幼儿的欢呼。一个小山坡给了幼儿最大的探索和兴趣，给了教师最大的挑战和思考。让我们以山坡的营地游戏为载体，凸显稚慧园"根植本土、践行童本"的教育理念，践行"课程游戏化、教育生活化、教研园本化"的课程理念，开设多元智能、自然教育、生命教育等特色教育课程，培养"体健、自信、感恩、乐学、求真"的新时代儿童。

自主游戏案例

大班创造性自主游戏《赶集乐》

李 丹　杨安宁

【活动背景】

（一）教玩具材料

本游戏共分为两个场景进行布置。

一是民俗广场，材料有竹高跷、舞狮头、锣鼓、莲花闹（响板）、花轿、舞龙。以上材料都是围绕我园"十二五""十三五"课题"本土资源在农村幼儿园课程中的系统开发与利用"的研究内容所制作和开发的，孩子们已经有了玩的基础，在此基础上通过"赶集乐"游戏的形式激发孩子表演的欲望、表现力与合作意识。

二是赶集街，创设了四个民间艺术坊。

扎染坊：扎染工具（各种形状的布、布袋、染料、皮筋、积木），扎染成品。

彩灯坊：灯笼框架、彩纸、拓印工具、颜料、成品彩灯。

剪纸坊：红色蜡光纸、剪刀、剪纸作品，有剪纸装饰的生活用品。

编织坊：准备了编织工具（PVC管锯成的高约15厘米的圆筒，一头夹满长尾票夹，见图1）、毛线、泡沫纸半成品围巾、泡沫纸条、编织工具、编织成品等。

图1

　　旨在将平时零散的区域材料集中后生成新的游戏，多提供半成品让幼儿在游戏中完成加工、出售、买卖、交往等生活体验。

　　（二）环境创设

　　在我园的课题研究进程中，开展了"民间艺术在幼儿园课程中的有效应用"子课题研究。莲花闹、扎染、舞狮、舞龙、踩高跷等民间艺术走进幼儿园、走近孩子们（见图2）。各班都进行了不同程度的尝试，也积累了一些游戏材料，因此创设了此次"集会"游戏场景，让幼儿从选择区域到分配角色、从承担角色任务到合作交往，在充分的自主活动与交往中获得新的认知和发现，感受赶集游戏中的新乐趣。

图2

环境创设以过年赶集为主线,分为民俗广场(民俗表演队)和赶集一条街(民间工艺店铺)两个场景。孩子们在民俗表演队里扮演着不同的民间艺术表演者,渲染着过年的热闹氛围,感受到赶集的乐趣;赶集一条街的四个民间工艺坊激发幼儿充分运用材料游戏去体验不同的角色。(见图3)

图3

(三)儿童的兴趣和前期准备

大班幼儿已经积累了一些有关角色游戏的知识经验,游戏内容开始向广泛的社会生活扩展,在游戏中喜欢模仿新近的、熟悉的成人生活。他们游戏的目的性、计划性、独立性增强了，角色间的关系更复杂了，游戏中的合作意识也增强了。在游戏中，他们能够自主选择伙伴、发展情节，已具有一定的设计游戏和评价游戏的能力。

幼儿对民间艺术类的活动兴趣浓厚，充满了探究欲望。此类游戏中的交往需要通过用货币兑换物品的方式进行交易，店铺工作人员则要制作、宣传和销售自己的产品。所以，孩子们需要具备对钱币的初步认识、对民间工艺有一定了解、对一些特殊工艺有一定尝试（本班孩子对莲花闹、扎染这两类活动已经进行了几次尝试，有一定经验基础）。

（四）教师预期

本次游戏通过丰富的具有吸引力的环境创设和材料提供，激发孩子游戏的兴趣，对赶集中的角色扮演充满期待，在富有浓厚地方色彩和生活气息的赶集游戏活动中，以民俗表演、艺人供货、店主销售、顾客购买等游戏形式，幼儿获得愉悦体验；深度感受民间艺术与民俗文化的魅力，提高语言交往能力和货币运用的基本生活能力，不同水平和能力的幼儿获得不同程度的发展。

（五）游戏规则、玩法

（1）民俗广场：孩子通过选择自己感兴趣的民间艺术参加民俗表演队的表演，再商议决定每个表演小组的组长，组织队员进行节目的排练，最后在广场表演。排练时每个队注意划分区域，可以独立进行，也可以与其他队互动交往合作。

（2）赶集街：选择自己感兴趣的店铺，共同商议店长、工人及顾客分工，完成自己角色的任务，并与他人友好合作和互动，能利用钱币对物品进行等价交换。

【活动内容与过程实录】

创造性游戏《赶集乐》是以我园"十三五"课题研究"本土资源在农村幼儿园课程中的系统开发与利用"为背景，围绕富有地方特色的民俗民风、民间艺术在游戏活动中的应用这一主题，生成的一次社会性情感体验的角色游戏为主、艺术表现与创作为辅的创造性游戏。

（一）我的游戏我做主（广角场景）

1.开始部分：自由选择，分组计划（见图4）

图4

幼儿们来到赶集活动现场，发出阵阵好奇、惊叹的声音，游戏的激情瞬间被点燃。幼儿自由选择区域和材料分配角色、小组分工合作。民俗广场上"小小民俗表演队"的"演员们"着手装扮，推选表演队队长；赶集一条街的各艺术工坊小工匠和店主各就各位，进行角色分工；还有一队顾客在为赶集准备着购物篮和"钞票"，拟定购物清单。

2. 游戏整体有序推进，玩转赶集一条街

民俗广场上热闹非凡，小演员们为赶集的顾客敲锣打鼓，表演了舞龙、莲花闹等节目，赢得了顾客的阵阵喝彩声。一些顾客情不自禁地加入进来，体验尝试了一把"欢乐锣鼓敲起来，大红花轿抬起来"！赶集一条街各店忙得不亦乐乎。小工匠们专心致志、一丝不苟地制作各种工艺品，店主微笑着招揽顾客，兜售商品。顾客们东家瞧瞧、西家看看，对照自己的购物清单，与店主讨价还价，以币易货。民俗表演队的演员们有的舞狮、有的打着莲花闹给各个工坊送祝福、送恭贺。此环节充分满足了幼儿通过在游戏中模仿、想象来创造性地整合和表现周围生活的意愿。

3. 活动结束：意犹未尽，满满的收获感（见图5）

（a）

（b）

图5

顾客满载而归，脸上洋溢着"扫货"后的欢乐；店主喜滋滋地数着"钞票"，盘点今天的收入；小工匠互相炫耀、欣赏着出品的又一"大作"；挨家挨户打莲花闹、舞狮送祝福、送恭贺的"民俗表演队"的演员们也讨到了不少"彩头"，笑得像花儿似的。很多幼儿发自内心地说，"太好玩了""我还想玩""赶集真有意思啊""我买到了一块最美的手帕""我们的灯笼都卖光了"……

彩灯坊女"老板"说："我今天当老板好开心，他们都很喜欢我们家灯笼，我卖了好多钱，我们明天会做更多的灯笼卖给他们。"

从孩子们的欢声笑语中可以感受到此次游戏真正回归到了游戏的本质特征之一，那就是愉悦性。只有带给孩子轻松感、愉悦感的游戏，才是孩子身之所需、心之所系。

（二）聚焦典型、关注个体，窥析幼儿发展

在游戏活动执行过程中，有许多动人的、有趣的、或引发思考的情景，记录几个不同的镜头，从不同的视角窥见幼儿的行为及表现，简析其在本次游戏活动中获得的发展。

镜头一：努力干活的小工匠

幼儿表现：扎染坊的小工匠们两两合作，折、卷、捆、扎、夹，用不同方法和颜色扎染手帕、布袋，有板有眼；彩灯坊的小工匠们自发提升了制作难度——有规律地拓印；编织坊的小工匠们也是聚精会神、娴熟地使用上下交叉、环线穿拉编织法制作挂毯和围脖。（分析：各个工坊的小工匠对自己的角色定位比较准确；对扎染、拓印、编织，幼儿前期在集体教学活动和区角活动中有过操作体验，具备了一定的经验，所以这几个工坊的小工匠不仅能大胆操作，而且能合作、创新。）（见图6）

图6

教师指导：由于剪纸艺术尚多停留在艺术欣赏的层面，还没有什么操作经验，剪纸坊的小工匠刚开始有些一筹莫展，不知从何下手。老师以新招聘员工的身份参与活动中，和其他工匠一起折、设计图案、剪，幼儿熟悉并掌握了基本方法，慢慢进入状态。（分析：教师以角色扮演参与游戏之中，隐性示范缓解了幼儿的操作困难。）

镜头二：不同风格的"老板"

幼儿表现1：外向型"老板"——允儿是彩灯坊的女老板，这可是个精明强干的boss。在售卖灯笼的过程中非常大方地吆喝："大家快来买我的灯笼啊！""走过路过不要错过。"……成功吸引了顾客的注意；在买卖的过程中，和顾客讨价还价；有一位顾客要橙色灯笼，她一边笑着解释"此灯笼已经有人预定了"，一边为顾客推荐其他颜色的灯笼，成功交易。（分析：该幼儿思路清晰，语言表达能力强，活泼、大方，此次游戏活动给了她一个展示的舞台，使她对角色的把控更加自信，对其他几个工坊的"老板"产生了良好的影响与带动作用。）

教师指导：该组幼儿能力强，能自主地推进游戏，教师一直没有过多介入。但由于生意太好了，灯笼供不应求，幼儿不知道怎么办时，教师才适时介入，给出建议：派员工去进货，再招聘人手帮忙。（见图7）

图7

幼儿表现2：慢热型"老板"——沐阳是扎染坊老板，也是唯一一个男老板。当别的坊人头攒动时，他的坊前是门可罗雀。一开始，他是一脸的茫然和木讷，不知所措，接着开始左顾右盼，特别是看到隔壁彩灯坊的女老板不停地与顾客一手交钱，一手交货，他眼神里写满了崇拜，又若有所思。正好一位顾客询问扎染手帕怎么卖，他弱弱说了声"5元"，没想到一下子成交了。他的嘴角马上露出了暗自窃喜的微笑，自信心一下子起来了。渐渐地，坊里的生意热络起来，沐阳也越卖越起劲，吆喝的声音也越来越大。（分析：沐阳是属于那种不太会表达自己意愿和想法的孩子，估计一开始老板角色是被动接受的，所以对自己的角色完全没有概念，加上不善于表达，难以进入游戏状态。但后期通过观察模仿，局面一下子转变了。从这个分镜头我们可以窥见，幼儿与幼儿之间的相互学习是一种积极的学习体验，这也正是游戏价值的体现。）

幼儿表现3：内秀型"老板"——雨馨被推选为编织坊的老板，她和员工一起忙活着。一位顾客问："这只小熊怎么卖呀？"雨馨不知道怎么去招呼顾客，腼腆地低头傻笑。顾客再问，她就用胳膊肘碰了碰旁边干活的工匠："你来说。"自己闪到一边去了。（分析：幼儿对自己的角色职责意识不强，性格内向，缺乏与人大胆交流的自信和勇气。）（见图8）

图8

教师指导：见此情景，教师以"副老板"的身份加入游戏，带动老板一起吆喝，热情接待顾客，讲价议价，推销商品。在教师引领、协助下，老板渐渐能独当一面了。

镜头三：买卖好商量，成与不成都开怀

分镜头一：生意太好断了货。彩灯坊生意太好一下子断了货，老板忙着清账（数钱），还有顾客来买灯笼，"今天没有了，明天再来吧，谢谢你喜欢我们家的灯笼哦。""那好吧。"（教师介入：这么多顾客喜欢你们家的灯笼，你们得想个什么办法不让顾客失望呢？）

幼儿1："招人，多做一些"；幼儿2："加班，多做一点"，幼儿3："设计得更好一点会卖得更好"。于是，他们商量着怎样招人、怎么把灯笼多做一些卖给更多的人、再做好一些吸引更多顾客。

分镜头二：讨价还价生活气息浓郁。灯笼坊老板开价灯笼一个10元，顾客开始磨价，迟迟不买。老板慢慢压价，从9元一直还到5元，最后以5元成交。编织坊的一位顾客想买一个挂毯，老板开价6元，顾客说太贵了，自己也没有那么多钱，老板看了看顾客手里的钱，说："那你有多少钱就给多少吧，亏本卖给你，下次再来这买东西哦。"（见图9）

图9

分镜头三：快乐买买买，清仓卖卖卖。钰琦购物篮里装满了货品，连扎染坊的染料和容器都买了。老师问："怎么把人家的工具都买来了呀？"她说：

"扎染坊的东西都卖得差不多了，剩下的我不太喜欢，我想买染料回去自己制作。"灯笼坊的灯笼卖光了，老板和员工为没有买到的顾客还进行了预约登记。（此时，教师以一位采访者的身份分别采访了几位扮演不同角色的幼儿，交流分享各坊的商品制作数量、销售情况，游戏后的收获与心情，为幼儿再次游戏的推进做了铺垫。）

【活动的特点及价值】

（一）活动特点

"赶集乐"是在松滋本土地方特色和幼儿已有生活经验的基础上生成的创新性游戏。归纳起来具有以下特点。

1. 具有浓郁的地方特色

松滋地处鄂西南平原和丘陵结合地区，有着丰富的本土资源、自然资源、民间艺术和人文环境，特别是有着传承已久的民俗民风活动，如扎染艺术、编织、糊纸灯、舞狮舞龙灯、采莲船、踩高跷等。

2. 传承着本土传统文化

巧妙地创设"赶集"这个大的游戏活动场景，幼儿通过扮演各种角色，运用已有生活经验，充分发挥想象，创造性地反映和再现生活，能在浓郁的本土特色和传统文化中增强民族归属感。

3. 低结构、高品质、新创造

集市上的扎染、纸灯、剪纸、编织四个工艺坊中都是创新性游戏，提供给幼儿的是丰富的、低结构的材料，如土布、染料、麻绳、丝线、树叶、半成品灯笼、编织工具与材料等来满足幼儿用心、用材料进行游戏创作，既让幼儿根植于优秀民族特色游戏土壤的熏陶，又让幼儿成长于优秀民族传统文化所构筑的童心世界。

4. 社会维度得到突破

社会维度上突破了一般角色游戏——"小超市"的买卖交易与互动，使幼儿感受到了产业链需要良性循环，虽然他们对本概念还不理解，但是懂得了每一个环节都要紧密衔接，游戏方能进行，生产要跟上销售的节奏，产品要不断满足顾客需求，原材料要满足艺人的制作活动，怎样推销才能让产品不积压等。

（二）活动价值

价值一：真游戏满足真需求

每个孩子都有模仿成人的愿望，在游戏过程中，孩子们清楚了表演队、顾客、店主、艺人等各个角色的职责，在推销商品、买卖销售的游戏环节中，心理发展需求得到了满足，幼儿感受到了人是要与外界交往的，学习到如何处理和解决人际关系，他们的社交品质在角色游戏中得到良好的发展。

价值二：生存能力在游戏中提升

在游戏中我们不难看出，幼儿的表现有着创造性的火花，在模仿的基础上有着生活经验的拔高。就以推销商品为例，店主和店员以吆喝的方式兜售商品，顾客和店主之间的交易有讨价还价的处理方式，这一现象的出现也是基于幼儿日常生活的观察，增强了幼儿处理生活问题的能力。主要突破了日常类似超市游戏的潜在价值，即通过游戏理解了商品流通的流程：备料—生产—销售—购买，反复循环的过程，生活实践经验的增加，对幼儿的社会生存能力是较好的培养。

价值三：情绪维度价值呈现

游戏中不同角色的体验与互动，幼儿的情绪愉悦、互相协商、表达真实，发展了语言表达沟通能力；在买卖商品的过程中对钱币的应用与简单运算，调动了学习的内需；店铺艺人需要不断供货满足顾客需求，加速了幼儿对民间工艺的掌握与创新能力；在游戏中，各种能力得到多元提升。

（三）关于教师支持行为的反思

支持行为1：教师以玩伴和游客的身份参与进来，在彩灯坊里，教师扮演游客，首先驻足观察幼儿的制作、销售等环节，留意幼儿的神情、行为、语言，发现幼儿遇到困难，如店主介绍产品信息不详细的情况下，顾客装作没听懂，引导店主更完整地表述。

行为评价：让孩子成为游戏的主体，支持孩子自主、自由、自发地去游戏。让幼儿的情感体验得到满足，用游戏行为和游戏语言进行适时、适当的引导，促进店主推销产品能力增强。

支持行为2：生意太好断了货，教师巧妙地抛出问题进行经营方式的提示。

行为评价：将游戏中的潜在教育价值蕴含其中，让幼儿不仅承担好自己的角色，同时对怎样配合经营好自己的店铺提出思考。

支持行为3：扎染坊男店主开始无所事事，一是进入不了状态；二是扎染速度有点慢，跟不上买卖的进度，影响了他的生意。老师提醒他：老板，你以前的货还有吗？于是，他在柜子里找出一摞扎染手帕摆在柜台上。

行为评价：及时观察孩子的情绪和行为，分析原因与动机，从材料与行为上同时给予他支持，认识到货源要跟上、与顾客交流和推销要跟上，生意才能火起来。

支持行为不足：教师介入时机还需把握更准确，如男店主无所事事时，教师在本组分配角色时就应该注意到本工作坊的特殊性，扎染制作需要较长时间，货品的准备应提前考虑进去才能开展游戏。彩灯坊出现断货情况前就应该及时提醒店主补充材料，避免游戏中断。

（四）可能生成的教育契机

充分挖掘本土资源、深度探究本土文化也是我园的课程特色之一，我们要通过游戏抓住良好的教育契机、透过孩子的视角打造特色游戏。抓住幼儿对"赶集"游戏浓厚的兴趣与期待，后期可以进一步丰富场景创设、增添活动内容，如"松滋美食一条街"、集贸市场等；游戏中也可生成新游戏，如扎染走秀的表演游戏、猜灯谜的语言游戏、闹花灯的音乐游戏、看花灯的角色游戏等。工艺坊的老板继续招录新人，进行民间工艺培训，不断制作海报、广告，或采用更多形式来推介自家的工艺品等。

让我们教师用善于观察细节的眼睛、善于发现亮点的心灵去捕捉这些教育契机，让多彩游戏伴随孩子快乐成长！

主题游戏——玩转地方游戏

民风民俗中国年

游戏名称		材料准备及游戏指南
花灯馆		各色卡纸、水彩笔、双面胶、水粉颜料、灯笼等。 通过使用各种材料，幼儿尝试制作各种各样的花灯，并了解花灯的历史以及文化
舞狮馆		音乐、舞狮头饰、鼓、民族乐器等。 通过头饰、鼓、乐器激发幼儿对舞狮活动的兴趣，了解舞狮的起源及文化，学习表演舞狮

续 表

游戏名称		材料准备及游戏指南
十二生肖馆	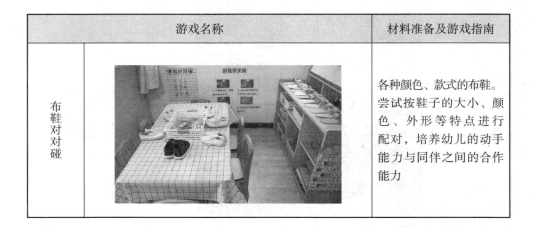	各种年俗图片、十二生肖图案拼图等。 幼儿通过拼图了解十二生肖的来历，并学习拼图排序
新年书馆		与春节、十二生肖有关的图书、绘本等。 幼儿通过阅读，了解春节的各种文化

布鞋踏踏响

游戏名称		材料准备及游戏指南
布鞋对对碰		各种颜色、款式的布鞋。 尝试按鞋子的大小、颜色、外形等特点进行配对，培养幼儿的动手能力与同伴之间的合作能力

续 表

游戏名称		材料准备及游戏指南
布鞋加工坊		布鞋半成品、胶水。 用胶水将鞋底和鞋帮粘牢，做成成品，培养幼儿的手眼协调性，感受制作布鞋的乐趣
布鞋饰界		颜料、钻石贴、亮片、毛球、蝴蝶结等。 选择各种材料对布鞋进行装饰，培养幼儿的颜色搭配及创作能力
潮鞋秀		各种各样的布鞋、音乐、小T台、表演服装、道具等。 幼儿选择自己喜欢的布鞋和表演服装进行潮鞋秀表演，培养幼儿审美及自信心等

续 表

游戏名称		材料准备及游戏指南
糖果果鞋店		各种款式的布鞋、模拟钱币、货架。 幼儿分角色进行售卖游戏，培养幼儿的交流沟通能力

东方旗袍

游戏名称		材料准备及游戏指南
素袍换新颜		旗袍白坯、超轻黏土、油画棒、中国结。 用超轻黏土和油画棒在旗袍白坯上设计不同的旗袍花纹，主要培养幼儿的想象力和创造力

续 表

游戏名称		材料准备及游戏指南
花样秀旗袍		旗袍、团扇、折扇。 旗袍走秀，主要培养幼儿的表现力，感受旗袍的魅力
盘扣大创想		盘扣、彩绳。 盘扣配对、用彩绳制作简单的盘扣，主要培养幼儿的观察力
巧手小裁缝		各色布料、小剪刀、彩笔。 游戏指导：用彩笔在布料上设计旗袍，并用小剪刀剪下，主要锻炼幼儿的手眼协调能力和创造能力

青花古韵坊

游戏名称		材料准备及游戏指南
青花布艺		各种白色布艺制品，蓝色记号笔、颜料、排笔、调色盘。 尝试采用不同的形式进行青花元素创作
青花陶瓶		各种白色瓷瓶、刷好白色颜料的瓶子、记号笔、颜料、调色盘、排笔。 用排笔或记号笔在白色瓷瓶上设计各种各样的青花

续 表

游戏名称		材料准备及游戏指南
青花城堡	  	青花纸盒、青花鞋盒、木质积木、青花城堡搭建步骤图及作品展示。 将各种青花纸盒运用堆高、围拢、延长、盖顶等多种方法，有目的地搭建青花城堡

纸艺工坊

游戏名称		材料准备及游戏指南
纸宝宝的诞生		造纸术材料包、塑料盒、彩笔。 根据操作步骤图进行造纸，探索纸的来历
咔嚓咔嚓变		彩纸、广告纸、报纸、剪刀、勾线笔、双面胶。 利用各种纸进行创作，剪出各种造型后可进行拼贴画等，发散幼儿思维
翻转世界		折纸、彩笔。 能利用折纸折出各种物品，如花朵、星星等。主要培养幼儿的专注意识及动手能力

续 表

游戏名称		材料准备及游戏指南
纸条大变样		衍纸材料包、白乳胶、白纸、彩笔、勾线笔。 能利用工具进行卷纸，然后捏造型，最后用胶水固定，根据自己所需创作一幅完整的作品，培养幼儿手指操作的灵活性

纽扣王国

游戏名称		材料准备及游戏指南
五彩纽扣游乐馆		各种颜色的纽扣、自制飞行棋盘、自制对战棋盘、自制数字棋盘、自制五子棋盘、自制西洋棋盘、自制弹跳棋盘。 根据各种棋盘规则，利用纽扣进行单人或多人游戏

游戏名称		材料准备及游戏指南
五彩纽扣艺馆（1）		镜子一面、各种头饰、各种服饰、各种颜色的纽扣、双面胶、舞台背景、各种道具、垫子。 将各种纽扣随意粘贴在表演服饰上进行装饰，装饰完成后在舞台上走秀
五彩纽扣艺馆（2）		各种已完工的纽扣作品（纽扣花、盘扣、纽扣画等）、钱箱、展示柜台。 售卖员叫卖，根据价格和顾客需要售卖商品；兑换员根据已完成的纽扣作品兑换不同的钱币
五彩纽扣加工坊		鱼线、剪刀、编织绳、细铁丝、不织布花、各种材质的底板（不织布、木质、布质、纸质）、各种颜色的纽扣、胶水。 工坊的"工人"根据各区不同的规则进行纽扣加工后，将已完成的作品拿到兑换区兑换

七彩扎染

游戏名称		材料准备及游戏指南
工艺流程展示区		3台iPad，内有扎染工艺流程视频。幼儿观看视频并相互讨论交流
土家风情街		土家族服饰三套、商品展示台、收银台、价格牌、促销广告。 幼儿分角色扮演店老板、售货员、收银员、顾客，培养幼儿语言能力和人际交往能力

游戏名称		材料准备及游戏指南
扎染设计馆		白纸、画笔。 幼儿设计扎染图案，并进行色彩搭配，然后交给扎染工厂制作
扎染小工厂		各色颜料、白布、白袜子、皮筋、夹子、形状各样的模具、盒子（装水）、一次性手套、桌布、废旧报纸。 幼儿戴好手套，根据自己学到的扎染方法进行扎染，加工完成后将作品展示